中华先贤人物故事汇

蔡文姬

高　方　著

中华书局

图书在版编目（CIP）数据

蔡文姬/高方著. —北京：中华书局，2022.8（2024.3 重印）
（中华先贤人物故事汇）
ISBN 978-7-101-15718-5

Ⅰ.蔡…　Ⅱ.高…　Ⅲ.蔡文姬（东汉时代）–传记
Ⅳ.K825.6

中国版本图书馆 CIP 数据核字（2022）第 074342 号

书　　名	蔡文姬	
著　　者	高　方	
丛 书 名	中华先贤人物故事汇	
责任编辑	马　燕　陈　虎	
责任印制	管　斌	
出版发行	中华书局	
	（北京市丰台区太平桥西里 38 号　100073）	
	http://www.zhbc.com.cn	
	E-mail：zhbc@zhbc.com.cn	
印　　刷	三河市宏达印刷有限公司	
版　　次	2022 年 8 月第 1 版	
	2024 年 3 月第 3 次印刷	
规　　格	开本/787×1092 毫米　1/32	
	印张 3⅞　插页 2　字数 50 千字	
印　　数	5001-7000 册	
国际书号	ISBN 978-7-101-15718-5	
定　　价	20.00 元	

出版说明

孔子周游列国，创立儒家学说；张骞出使西域，开辟丝绸之路；书圣王羲之，留下了曲水流觞的佳话；诗仙李白，写下了"举头望明月，低头思故乡"的名篇；王安石为纠正时弊，推行变法；李时珍广集博采，躬亲实践，编撰医药学名著《本草纲目》……

这些杰出的历史人物，有的是在中华民族文明进程中做出过突出贡献、对后世产生过巨大影响的思想家、政治家，有的是对中华优秀传统文化的传承传播发挥过重大作用的文学家、艺术家、科学家，有的是为国家安定统一、民族融合团结和中外文化交流做出过杰出贡献的军事家、外交家……他们为中华民族的繁荣发展做出了伟大的贡献，他们的行为事迹、风范品格为当世楷模，并垂范后世。

他们是中华民族的先贤人物。他们的思想、品德、事迹，是中华优秀传统文化的结晶；他们的故事，是对中华民族的禀赋、特点和气质最生动、最鲜活的阐释；他们的名字，在五千年中华文明史上最为光彩夺目；他们为五千年中华文明史书写了最为光辉灿烂的篇章。

为了解先贤，走近先贤，我们精心组织编写了这套《中华先贤人物故事汇》丛书，以翔实可靠的史料为依据，细腻动人的故事为载体，真实地呈现中华先贤人物的事迹、品格和精神风貌，彰显他们的贡献和功绩，激发人们对国家民族的热爱，对中华文明、中华优秀传统文化的崇敬。

开卷有益，期待这套丛书成为你的良师益友。

目 录

导　读

　　蔡文姬就是蔡琰，"文姬"是她的字。也有人说她字"昭姬"，因避司马昭的讳而改称"文姬"。

　　蔡文姬是东汉时期陈留郡圉县（今河南杞县）人，她的父亲蔡邕是东汉末年名满天下的大儒，集文学、音乐、书法、史学之长于一身，有"旷世逸才"之誉。蔡邕将一生所学尽传于蔡文姬。范晔在《后汉书》中说蔡文姬"博学有才辩，又妙于音律"，对她的评价是"端操有踪，幽闲有容。区明风烈，昭我管彤"。

　　蔡文姬生卒年不详，一生中相对确切的时间只有两个，一个是在汉献帝兴平年间（195）被胡骑掳入匈奴，另一个是在建安十二年（207）被曹操以金璧赎归。"文姬归汉"也因此成为中国历史上广为流传的故事。

蔡文姬是中国古代四大才女之一,与"三曹""七子"一起被认为是"建安文学"的代表作家。《隋书·经籍志》著录有《蔡文姬集》一卷,可惜今已失传,只有《悲愤诗》和《胡笳十八拍》传世。

明朝陆时雍在《诗镜总论》中这样评价《胡笳十八拍》:"东京风格颓下,蔡文姬才气英英。读胡笳吟,可令惊蓬坐振,沙砾自飞,真是激烈人怀抱。"清代诗论家张玉谷则对《悲愤诗》情有独钟,他作诗曰:"文姬才欲压文君,《悲愤》长篇洵大文。老杜固宗曹七步,瓣香可也及钗裙。"

唐代张彦远在《法书要录》中说:"蔡邕受于神人,而传与崔瑗及女文姬,文姬传之钟繇,钟繇传之卫夫人,卫夫人传之王羲之。"由此可见蔡文姬在书法史上的地位。今存蔡文姬《我生帖》虽然只有"我生之初尚无为,我生之后汉祚衰"两句,却可以看出其字体的端方典雅。

蔡文姬一生有过三次婚姻。初嫁卫仲道，夫死无子；董卓之乱后被掳入匈奴，再嫁左贤王并育有二子；归汉后，嫁屯田都尉董祀。蔡文姬晚年与董祀归隐长安蓝田，今陕西蓝田县有蔡文姬墓，并建有蔡文姬纪念馆。

聪慧过人

又是一年端阳节。

五月的洛阳城已经是花团锦簇，暖风薰人。

洛水上的龙舟竞渡已经进行了一轮又一轮，街市上人头攒动，声浪扰攘，每一个人都被节日的气氛感染着。

没有人能够想到，仅仅三十多年后，这个由光武帝刘秀建立的被后世称为东汉的王朝就会彻底灭亡。

一辆青盖小车在一家门脸儿不大的玉器店前停下，一只秀气的小手正撩开车帘。

"姨母，就是这里吧！"清脆的少女的声音，如黄莺婉转。

下车的少女看上去十二三岁，头梳小巧的双髻，鬓边簪了一朵嫩黄的花，与身上广袖的鹅黄衫子相映成趣。她转身去扶车上的妇人时，耳下垂着的碧玉珠几乎不动，一看就是有教养的闺秀。

这家玉器店虽然不大，却布置得极其雅致。也许正是因为这份雅致，来来去去的人都放低了声音。

少女精挑细选，选了一只鸿雁形状的玉带钩和一只精美的白玉环，请伙计帮忙包起来。

妇人忙说："琰儿，你给我买了衣料，给小妹买了五色丝线，再买这个，你可就没有一点零用钱了！"

少女替妇人整理了一下衣袖，笑道："姨母，无妨的！咱们刚回到洛阳，我还没送过像样儿的礼物给爹爹和娘亲，这次您就让我送嘛！反正我自己也不需要什么。"

伙计拿过来两个一模一样的盒子，妇人说：这盒子一模一样，你怎么分辨是给你爹爹的还是给你娘亲的？"

少女一怔，凝神想了想，转头问道："店家，可否借笔一用？"

听说这位少女要写字，店里的客人，包括老板，都聚拢过来了。

少女敛袂提笔，悠然落墨。不多时，两行娟秀的小字就写好了，一行是"父亲大人永吉"，另一行是"母亲大人安泰"。

少女将笔还给伙计，施礼道谢。正待墨干之后出门，就听见人群里传来一声惊呼："飞白！"

这一声惊呼让正要散去的客人止住了脚步，大家都过来盯着盒子上的字。只见"父亲"的"父"末笔丝丝露白，似是枯笔，却笔断意连，气韵浑然。

"你是哪家的小姐？""敢问小姐师从何人？""谁家的小姐这么厉害？"大家七嘴八舌地发问。

少女看向自己的姨母，有些不知所措。她并非有意隐瞒，而是礼法约束——子女不得直呼父母的名讳。

"敢问小姐可是蔡议郎之女？"一听这个，少女赶忙点了点头。

"果然家学深厚！"围观的客人恍然大悟，佩

少女敛袂提笔，悠然落墨。不多时，两行娟秀的小字就写好了。

服不已。

所谓"飞白"，是蔡邕自创的一种书体，为时人所称道并效仿，但能得其神韵的并不多见。而这个笔力非凡的少女便是蔡邕的长女，名琰，字文姬。

作为议郎，蔡邕的主要工作其实就是校订历代图书和撰修史书。他工作的地方叫东观，是宫廷中贮藏档案、典籍和从事校书、著述的处所。东观建筑宏伟华丽，四周殿阁相望，绿树成荫，环境幽雅。蔡邕很喜欢在这里工作，当他从典籍中抬起头来，看到日影西斜的时候，才想起今天是端阳节。

蔡邕回到家，进了内堂，更衣完毕才看到桌上的盒子。

看到丈夫疑惑的表情，夫人笑着说："这是琰儿今天出去买的礼物，给我的是一只玉环，给你的是一只玉带钩。"

蔡邕没有说话，只是盯着那一笔飞白，想起了回来的路上断断续续听人说什么"蔡大人""蔡小姐""一笔好字"……

"这字可是琰儿在外面写的？"

见蔡邕一脸严肃，夫人忙将玉器店里发生的事情大概讲了讲，又解释道："夫君，你别生气，事出有因，琰儿她并非存心卖弄。"

蔡邕说："夫人，我没生气。你且坐下，听我跟你说。"

夫人在他对面缓缓坐下。

蔡邕叹了口气，说："夫人啊，你我人到中年方才有了琰儿，自是视如珍宝。琰儿自幼聪慧，又乖巧可人，读书几有过目成诵之能，这书艺、琴艺虽然稚嫩，却也是未来可期。你怕我生气，自是因为想着女儿家才华不可外露，为声名所累，但有些东西是藏也藏不住的。咱们只有两个女儿，琰儿的天赋又比妹妹好得多，我自会尽心教导。若是日后她能像班昭一样心怀家国、青史留名，我也无愧于心了。"

夫人听到这里，不觉展颜一笑："你们父女想到一起去了。琰儿平日里最敬慕班昭，她常说班昭能替父兄修成《汉书》，实在是个奇女子，若自己也能这样，遭受多少磨难都愿意。"

蔡邕站起身说："咱们刚从磨难中走出来，可不要让两个女儿再经受磨难了。"夫人点头称是。

蔡家的晚宴并没有十分丰盛，但其乐融融。蔡邕将小女儿抱起来放在膝上说："小妹，你手腕上的五彩线真漂亮！"

小妹嘟着嘴说："彩线漂亮，我就不漂亮吗？"

"漂亮，漂亮，我们小妹最漂亮了！"蔡邕不由得哈哈大笑。

蔡邕举起酒杯对赵四娘说："四姐，妹婿敬你！这些年，多亏了你一直帮我们照顾琰儿和小妹！"

赵四娘是赵五娘的姐姐，寡居无子，一直与妹妹一家生活在一起，在蔡家最艰难的时候也没有离开。

赵四娘回敬道："看着琰儿和小妹一天天长大，我心里高兴！"

蔡邕转向亭亭玉立的大女儿，说："琰儿，爹爹谢谢你的礼物！你能给爹爹讲讲为什么送这个吗？"

蔡琰起身规规矩矩地向父亲行了个礼，说："爹爹，您用'琰'字给女儿取名，象征美玉和美德。您还常说做人要有君子的品行，而'君子无故，玉不去身'，所以我就选了玉。给娘亲选了玉环，是希望我们一家人永远团团圆圆。至于带钩上的鸿雁，一是我喜欢它的高瞻远瞩，二是因为鸿雁有坚贞的操守，很像爹爹。"

"哦？像爹爹？那你说说，你对爹爹了解多少？"蔡邕饶有兴味地问道。

蔡琰说："爹爹是品德高尚、奉行孝悌之义之人。先前住在陈留老家的时候，祖父去得早，您侍奉祖母竭心尽力。祖母久病不愈的那三年，您每天衣不解带地侍奉在祖母身边，曾经连续七十天都没有好好睡觉。后来祖母去世，您就在墓地旁边盖了个房子守陵，每天的行动起居都严格遵守礼法，以至于后来有一只小兔子主动来跟您做伴，院子里两棵树的枝干都长成了连理枝。乡亲们都跑来参观，觉得是您的举动感动了上天。祖父不在了，您作为长房长孙，理当继承全部家业，可您和叔祖父以及堂叔一直都不分家，乡亲们都说您是品德高尚的人。"

"你还知道什么？"蔡邕听了这些，有些吃惊，又接着问。

蔡琰又说道:"爹爹还是一个博学多才的人。您从小就师从太傅胡广,胡太傅不仅是一代帝师,而且是被称为'章奏第一'的大文学家。他说您辞章、术数、天文、音律,无一不精。胡太傅于天下经书无不精通,可是胡夫人去世的灵表他都让您来写,这就说明您的学问是极好的。胡太傅去世时,他的碑文和碑铭都是您写的,不是也证明天下士人对您的敬重吗?我还听说,当初您被召到司空桥玄大人府上的时候才三十几岁,而司空大人已经六十岁了,他却对您很尊敬,这自然是因为您的学识。再说现在,您在东观校书,要不是博学多才,哪能入得了东观?我还听见有人说您的琴艺和书法天下无双呢!咱们洛阳城南开阳门外太学里的石经不就是您写的吗?每天来观摩抄写的人堵得连路都走不通了。"

　　"不许胡说!那石经是爹爹和同僚们一起校订的,就是为了给天下学子一个可靠的范本。这可不是我一个人的功劳!"蔡邕赶忙打断女儿。

　　蔡琰说得口渴,捧起茶盏喝了一大口,不服气地说:"虽然如此,可那些前去临摹的人都是为了学您的字儿才去的！"

放下茶盏，蔡琰说："我还知道，爹爹是一个有气节的人。"

蔡邕夫妻对视一眼，等着女儿往下说。

"您二十多岁的时候就以琴艺闻名天下，朝中的权贵听说了，怂恿皇帝召您入京鼓琴。多少人都想见到皇帝谋个官职啊，可是您不想！那时正天下饥寒民不聊生，您心忧天下无心鼓琴，却被陈留太守逼着只能无奈出行，勉强走到偃师就称病回来了。后来，您无法压抑心中的愤怒，作了一篇《述行赋》，这就是不畏权贵啊！还有，前几年，您被皇帝召入金商门崇德殿，奏对时您跟皇帝说要'亲贤臣，远小人'，结果反而因为小人进谗言，不但自己差点被杀头，还连累了叔祖父。后来您被流放到北方长达九个月，其间屡次遭到追杀。这不都是因为您刚直不阿，不肯与坏人同流合污吗？"

赵五娘看着女儿，眼里满是骄傲。

蔡邕对夫人说："你先带小妹去睡，我还有话和琰儿说。"

蔡邕说："琰儿，今天我给你讲讲咱们蔡

氏吧。咱们蔡家是西周文王的后人，始祖被封在蔡国，后来以国为姓。文王制礼作乐才有了礼乐文化，所以咱们不能丢老祖宗的脸。当初咱们家祖上在汉为官，后来王莽篡位，逼着祖上出来做官。这一臣事二主的事，不是咱蔡家人干的，祖上就带着全家逃到深山里，日子虽苦却不能德行有亏。到了我父亲这儿，也以做人清白著称。"

"爹爹，我知道，祖父去世以后得到的谥号是'贞定公'。"蔡琰轻声道。

"对，蔡家的家风就是清白做人。琰儿啊，今天是端阳节，你可知它的来历？"

"女儿从书上得知，这仲夏端阳是《易经》所说'飞龙在天'的吉祥日子，所以这一日的风俗大都与龙有关，人们要拜天祭龙，要赛龙舟，还要拴上五彩丝线祈福辟邪。"

"那你可知这节日还与几个人有关？"

"端阳节是民间'迎伍神'纪念伍子胥的节日，本朝孝女曹娥的父亲就是在这一天'迎伍神'时溺水而亡的。所以现在不但祭祀伍子胥，也祭祀曹娥。另外，传说屈原也是在这一天投水而亡的，所以端阳节也祭屈子。"

"琰儿，无论这节日从何而来，我们所祭的都是仁人。琰儿，日后不管为父发生什么事情，你都不要做曹娥。我希望你去完成爹爹未完成的事情，这一样是大孝。"

然后，蔡邕起身走到琴台边上，手抚琴弦发出铿然之声。

"琰儿，当我还是一介布衣之时，胡太傅就将毕生所学尽数传授于我，希望我能为国修史。从前我只当你还小，又是个女儿家，可今夜听了你的一番言谈就知道，你虽为女儿之身，却有男儿之志，未来一定可以成就一番事业！"

"父亲，琰儿一定不负您的期望。"话题郑重，蔡琰的呼语不知不觉从"爹爹"变成了"父亲"。

蔡琰好像突然长大了。

蕙质兰心

这一日午后，蔡琰像往常一样，走进了父亲的书房。上午是她学习女红的时间，下午是她的读书习琴时间。

书房是父亲最为钟爱的地方，除了待客，平常不许别人进，但蔡琰例外。这是从什么时候开始的，蔡琰已经不记得了。也许是从她能够熟练地弹奏孔子的《猗兰操》开始的，也许是从她能熟背父亲的几百篇作品开始的。当然，父亲也给她定下了规则，那就是架上藏书和案头之作随便翻，但不许碰琴。

绿竹窗前，蔡琰静静地看着那张被称作"焦尾"的琴。她一直牢记着这张琴的神奇来历。

当年，蔡邕因为受到政治迫害，时常去郊野散心。蔡邕常说山川河流皆可谱入琴曲，不然哪有《高山流水》千古流传。

有一天蔡邕散步时，忽然听到一种奇怪的声音，仔细再听，原来是木材燃烧时发出的爆裂声。

蔡邕不但擅长弹琴，也擅长制琴，而制琴的根本就在于木材。蔡邕素有听音辨材的本领，知道这是一块不可多得的制琴之木，赶忙从灶膛里抢出了这块桐木。然后，蔡邕就用它做了一张七弦琴。因为桐木不够长，所以只能将烧焦的部分作为琴尾保留下来，因此此琴被称为"焦尾琴"。

蔡邕特别喜欢这张琴，说它有与众不同的音色，可以和齐桓公的"号钟"、楚庄王的"绕梁"、司马相如的"绿绮"相媲美。

蔡琰看了一会儿焦尾琴，走到旁边的书架上取了一本册子，上面写着《蔡氏五弄》。这是父亲花费了三年时间写成的琴曲，曾得到当代大儒马融先生的称道。

蔡琰听父亲说过，熹平初年（171），比写石经更早的时候，他曾经到访鬼谷先生的隐居之地青溪云梦山。因为传说云梦山之东常有仙人游赏，所以作了《游春》；因山之南有冬夏常绿的山涧，所以作了《绿水》；因山之中鬼谷先生旧居深邃岑寂，所以作了《幽居》；因山之北岩石高峻猿鸟聚集引人愁坐，所以作了《坐愁》；因山之西灌水吟秋，所以作了《秋思》。

蔡家父女不知道，四百多年后，隋炀帝将《蔡氏五弄》和后来魏晋时期嵇康的《嵇氏四弄》一起钦定为进士考试的必考科目。

蔡琰一手举着琴谱，一手凌空而动。她沉浸在音乐的世界中，就连父亲走进来也没发现。

蔡邕一到家，就迫不及待地想要试试新作的琴曲，走进书房却发现女儿入迷的样子。

蔡邕担心吓到女儿，就轻唤了一声："琰儿！"

蔡琰忙起身向父亲行礼，蔡邕说："琰儿，还记得你六岁时的事吗？"

蔡琰笑了起来："父亲，您怎么总提这件事啊？"

蔡邕也笑："要是没有这件事，我就不会动念头将自己的一身琴艺传授于你了。"

这件事对蔡琰的成长来说，的确很重要。

那天，小蔡琰在院子里玩耍，蔡邕在屋子里弹琴，突然绷断了一根琴弦。蔡琰随口说："爹爹，第二弦怎么断了啊？"蔡邕说："琰儿听得好准。"可是他不相信女儿的辨别力如此准确，换好琴弦后又故意弹断了第四弦，问道："琰儿，这次断的是第几弦？"蔡琰说："第四弦。"蔡邕说："琰儿，我今日新作成一支琴曲，尚未连贯弹奏。今日就由你来弹奏一番如何？"

蔡琰听了很高兴，接过琴谱看了一遍说："父亲，待我回房取琴。"

"不必了，琰儿，今日为父准你用这张琴。"蔡邕指了指窗边的焦尾琴。

蔡琰又惊又喜。

"不过，弹琴之前，为父要先问你几个问题。"

蔡琰抬起黑白分明的大眼睛，望向父亲，充满期待。

"琰儿，这琴被列为八音之首，又叫'古琴'。你可知是哪位古人所作？又为何有七弦？"

蔡琰想了想，说："古琴的起源，历来有伏羲作琴、神农作琴、舜帝作琴之说。百余年前桓谭作《新论》，专有《琴道》一篇，认为是神农作琴。《礼记》的《乐记篇》认为是舜帝作琴。可是舜帝作的琴只有五弦，据说是以宫商角徵羽五音对应金木水火土五行。然后到周文王时，因为追念死去的长子伯邑考而加了一根弦，是为文弦；至武王伐纣时，为鼓舞士气又加了一根弦，是为武弦。所以七弦秉具金木水火土文武之义。"

"看来琰儿没少读书啊！那你说说我制琴为何要留一段'焦尾'啊？"

"太史公在《史记·乐书》中说'琴长八尺一寸'，您制琴的桐木是从灶膛里抢出来的，要是不留这一段'焦尾'，就不够长了呀！"

"琰儿，你可知琴有'五不弹'之说？"

"'五不弹'即疾风甚雨不弹、廛市不弹、对俗子不弹、不坐不弹，不衣冠不弹。"

"你可知为何如此？"

"太史公说，音乐不是用来娱心自乐、快意恣欲的，而是与国家的治理息息相关。音乐还是个人修身养性的工具。中正平和的琴音历来被视为君子品德的写照。"

蔡邕说："琰儿，弹琴不只在于手上的技法，优秀的琴师要能将心中所想注于指尖。如果俞伯牙的琴音里没有'巍巍乎高山，汤汤乎流水'，也就不会有他与钟子期相遇相知的故事了。

"当初在陈留老家的时候，有个邻居准备了酒菜请我赴宴。因为有事情耽搁了一会儿，我到的时候他已经喝得很高兴了，正巧屏风后面有个人在弹琴，我就在屏风外听了一会儿，结果听到了杀伐之心。于是，我返身回家了。后来邻居追问我是什么缘故。我就说了听琴的事。琴师说，他弹琴的时候看到一只螳螂正要扑向一只鸣蝉，他担心螳螂失手，也许因之而生的杀心就反映在了琴音之中。

蔡琰在焦尾琴前端正坐下，凝神片刻后，方才将指尖落于琴弦之上。舒缓的乐声叮咚起伏，那一缕焦香似乎也随着琴音袅袅飘散。

一曲终了，余韵徐歇，父女两人沉默不语。

大约过了半盏茶的时间，蔡邕才问："琰儿，你从曲中听出了什么？"

蔡琰立起身说："有高山之巍峨，有怀人之

蔡琰在焦尾琴前端正坐下，凝神片刻后，方才将指尖落于琴弦之上。

怅惘。"

"对呀,"蔡邕拍案道,"这支曲子写的就是父亲居山中时对友人的思念之情,曲名就叫《山中思友人》。"

"父亲,您经常会想起哪些友人呢?"

蔡邕笑道:"怎么问起这个了?要说学生,那就得先从陈留说起了。阮瑀阮元瑜、路粹路文蔚都是从小就跟我学习的,不但学习文章之道,也跟我学习琴艺。相较之下,阮元瑜是个'奇才',他有志于学问,但心不在庙堂,琴艺精绝。后来我在吴会之地时,有个学生姓顾名雍字元叹,小小年纪就气度不凡,未来定有一番作为。要说人才,为父回京后在桥玄大人的府上又收了一个学生,姓曹名操字孟德。曹孟德善诗文、懂兵法,有慷慨激昂之志,也写得一手好字,为父觉得他是个能做大事的人。不过,他们虽然各有所长,但若论弹琴,还是没人比得上琰儿你啊!"

第二日蔡邕出门时,正巧碰上了邻居老者。

寒暄几句后,老者说:"蔡中郎啊,你昨夜的琴声可是让老朽没睡好啊!"

蔡邕连忙施礼，问道："敢问老丈，可是琴声扰人？"

老者捋着胡须笑道："正是琴声扰人！不过不是打扰，而是让老朽想起了远方的故友。今晚，如果再弹琴，你可要弹首欢快的曲子。"

蔡邕掩饰不住笑意，一边向老者告别，一边说道："昨夜弹琴的是小女，我一定叮嘱她。"

"小女？"老者恍然大悟，喃喃自语道："才气英英，后生可畏啊！"

天人永隔

　　十六岁，在这最好的年华，蔡琰出嫁了。她的夫家是河东卫氏，丈夫叫卫仲道。

　　汉代有女子早婚的习俗。西汉惠帝时期，律法规定女子十五岁之前必须出嫁，否则娘家就要多缴纳五倍的税收。到东汉末期，律法有所松动，但女子通常也都会在十六岁时出嫁。

　　那时对嫁娶之事极为重视，程序很烦琐，包括纳采、问名、纳吉、纳征、请期等。

　　蔡琰出嫁前一夜，蔡邕和妻子将蔡琰召到前堂。

　　"琰儿，"母亲拉着蔡琰的手说，"你即将嫁为人妇，从此就是卫家的人了。卫家是个大家族，上有长兄，下有弟妹，你要与他们和睦相处，好好孝敬公婆。"

"琰儿记下了。"蔡琰低声回应。

蔡邕正色道："琰儿，父亲也有几句话要告诉你。"

蔡琰坐直了身子："父亲请讲。"

"想要与咱家结亲的人不少，我之所以挑了河东卫氏，是因为卫氏在文学和书法上都颇有声望，与我蔡氏也算门当户对。再者卫氏本是世家，又在河东，远离朝堂纷争，若遇乱世，也能保护你。之所以选择仲道，一是因为你们年岁相当、志趣相投，二是他上有长兄支撑家业，这样你也不会太过受累。"

"琰儿感谢父亲苦心。"蔡琰向蔡邕深施一礼。

"琰儿还要记得，他日若有子嗣，定要他习学文章之道、琴学之道和书法之道，光大我蔡氏之学。卫氏一门若有好学之人，也要一并调教，不可藏私。"

"琰儿记下了。"蔡琰又施一礼。

从陈留到安邑，有六百多里的路程，蔡琰算得上远嫁了。只是依依拜别父母的蔡琰还不知道，这并不是她此生去往的最遥远的地方。

　　"桃之夭夭，灼灼其华。之子于归，宜其室家。"

　　孟春三月，蔡琰头戴珠翠花钿，身着红嫁衣，在喧天的鼓乐声中，成为新嫁娘。

　　洞房里，卫仲道与蔡琰并坐，饮了合卺酒，就有妇人将由枣子、栗子、花生、核桃、莲子组成的五色果撒入帐中。

　　待众人散去，蔡琰与卫仲道四目相望。蔡琰看卫仲道眉目清明，是个文弱书生；卫仲道看蔡琰形容舒展，自带书卷之气。

　　毕竟是第一次见面，二人都有些拘谨。

　　沉默片刻，还是卫仲道开口道："以后，我便叫你'琰儿'可好？"

　　蔡琰低头一笑："夫君说好便好。"

　　卫仲道又说："听闻岳父大人将毕生所学尽传于琰儿，我今日便想讨教一二，不知琰儿意下如何？"

蔡琰也不忸怩，起身来到书案之前："琰儿也听说卫氏一门无论是文学还是书法皆有过人之处，今夜不如与夫君就书法之道略作切磋。"

"新婚之夜，当用新墨。"卫仲道拦住蔡琰，取了一块新墨。

蔡琰一看，竟是一块"九子墨"，不觉红了脸。

这九子墨乃是用松烟加胶定型制成，上绘龙之九子。取松柏长生，龙子繁盛之意，祝愿新婚夫妇多子多福。

"结发为夫妻，恩爱两不疑。"写下这十个字，蔡琰将笔递给卫仲道。

"欢娱在今夕，嬿婉及良时。"卫仲道的字遒劲俊逸，让见多了名家墨宝的蔡琰也不觉暗中叫好。

蔡琰与卫仲道的生活就这样开始了。的确如蔡邕设想的那样，卫仲道身为次子，没有支撑家业的责任，夫妻二人的日常基本就是写字、读书、弹琴。

卫仲道的兄长卫颢，以才学著称，书法上师

承邯郸淳，功力颇深。卫觊有时也会与弟弟、弟妹相互切磋。

这是东汉末年，正是诸侯争霸、群雄逐鹿的时候。诸侯想要立足和壮大，就必须大量招揽人才，世族大家的子弟总是最先被关注的对象。卫觊后来就接受了曹操的征召，坐镇关中安顿百姓。后来，曹丕以魏代汉时，他以汉朝侍郎的身份起草了禅让文告。

时局动荡，不时传来一些消息。

比如灵帝驾崩，十四岁的少帝刘辩即位，刘辩的生母何皇后被尊为太后；比如听说灵帝原本想让陈留王刘协继位，而灵帝的生母董太后也参与其中；再比如何太后之弟大将军何进召董卓进京平乱，等等。

蔡琰经常给父亲写信，从父亲的回信中，她也能隐约感觉到朝堂的风云诡谲和父亲的为难之处。

一天，见蔡琰手执书信失神地站着，卫仲道问："可是家中有事？"

蔡琰默默地将信递到他的手中。

卫仲道看完之后，安慰妻子说："董卓入京贵为司空，并且手握强兵，自然权势滔天。岳父乃天下名士，闻董卓征召而能称病不往，也是向天下表明了态度。岳父也说了，董卓又命州郡强行征召，且以三族的性命相要挟。乱世之中当求自保，他不为自己着想，也得为蔡氏一族考虑。到洛阳之后，三日之间，三次升迁，直至被委以尚书之职，也算是重用了。岳父的才能天下皆知，他的不得已也无人不晓。琰儿你不要想太多。"

蔡琰叹了口气，说："父亲因为为人耿直孤傲，得罪了宦官，亡命江海十年之久。虽心怀汉室却也无意再涉朝堂之争，可是造化弄人，树欲静而风不止啊！"

卫仲道说："岳父如今名满天下，一时不会有性命之忧，琰儿且放宽心。"

蔡琰虽然忧心朝堂之上的父亲，却也过了一段"琴瑟在御，莫不静好"的日子。可是没想到的是，卫仲道病了。

卫仲道从弱到病再到缠绵床榻，没用太长时间。蔡琰每日为他侍奉汤药，病情却始终不见好转。

一天，趁着精神略好，卫仲道拉着蔡琰的手说："琰儿，我拖累你了。"

蔡琰看着丈夫瘦削的面容，不停地安慰他说会好起来的。

"琰儿，你我虽成亲时日不长，但我心中是满足的。待我去后，若是家人宽厚，你便放心住下。若是家人刁难，琰儿你自回岳父家中便是。岳父年迈，身边也需有人照顾。"

蔡琰握着卫仲道的手，哽噎难言。

秋风送暑，只相伴风中片片叶；烛影摇红，再不见灯下双双人。

蔡琰在悲痛中送走了丈夫，看着书案上他用过的笔砚，琴台上他喜欢的香炉，花园中他手植的草木，她心如刀绞，再也没人如他那般叫自己"琰儿"了！

卫仲道年纪轻轻就病逝了，虽然他一贯体弱，但卫氏族人难免在背后偷偷议论说蔡琰是克夫的命。慢慢地，卫家长辈对她再没有了从前的喜爱。蔡琰在卫家的日子越来越难挨了。

蔡邕不忍心看到女儿在卫家孤苦无依，就把蔡

蔡琰握着卫仲道的手，哽咽难言。

琰接回了家。蔡琰又能像从前一样，每天与母亲晨昏相伴，帮助父亲修订文稿、整理藏书了。只是，她再也不是从前那个天真烂漫的少女了。

蔡邕之死

汉献帝初平三年（192）四月，年仅十一岁的小皇帝刘协疾病初愈，在未央殿召见群臣。一贯骄横的董卓也在吕布的护卫下赶往宫中。他不知道的是，吕布早就和司徒王允等人拿到皇帝的诏书，在北掖门内设好埋伏，只等他自投罗网了。

董卓被刺，既突然又不突然。自从八年前大将军何进召董卓进京之后，董卓先是废掉少帝刘辩、杀死一度掌权的何太后；后是不顾群臣反对强行迁都长安，他的专制、残暴表现得淋漓尽致。

初平二年（191），董卓南下被孙坚打败回到长安后，他命令尚书以下官员连生了儿子都要到自己府中报告，而且对董氏族人大加封赏。他还掠夺民财，在长安附近修建了一个叫郿坞的大仓库，其中积存的谷物可以用三十年。他洋洋得意地说："如果事成，我就可以以此雄踞天下；如果不成，守着这个地方也足以终老了。"

董卓也知道自己被人怨恨，所以出入都有吕布护卫。但董卓的暴虐让吕布常常担心自己也会死在他的手中，便与王允等人联合为天下除害。

听说董卓身死，长安百姓都买酒买肉、载歌载舞，以示庆祝。

蔡邕正和王允在同一场筵席上，说起董卓之死，王允自然是喜不自胜，蔡邕却在此时发出了一声叹息。

正在兴头上的王允因这声叹息而勃然大怒。他斥责蔡邕说："董卓是国之大贼，他差一点就倾覆了汉朝江山。你身为臣子，岂能因为他对你恩遇有加就忘记大节？如今有罪之人被诛杀，你却为他叹息，莫非你是他的同党？"当即便将蔡邕交给廷尉治罪。

蔡邕下狱的消息传来时，蔡琰正在案前抄写父亲的名作——《笔论》。

这是父亲赴宴前特意交代的，说是要分送给几位好友，还特别嘱咐了哪份要用楷书、哪份要用隶书，还有一份草书，务必格外用心。

父亲下狱的消息让蔡琰惊慌失措，她四处打听父亲的下落，最终得知父亲进了廷尉府。

廷尉主管司法，诸侯、大臣犯罪，均可由其直接审理、收狱，有时连皇帝、三公的意见他们都可以驳回。蔡琰知道，人进了廷尉府，出来就很难了。

此时，母亲、姨母都已病故，妹妹也已嫁人，孤身一人的蔡琰茫然无助。她想找人营救父亲，可是却无从下手。

后来，蔡琰想起了父亲屡屡提及的曹操，可他正在顿丘附近和匈奴人作战。她不知道消息要如何送达，也不知道曹操能否救出父亲。

就在蔡琰手足无措、心急如焚的时候，蔡邕的好友——太尉马日磾来到蔡府。

马日磾安慰蔡琰说："你且不必着慌，我和许多东观校书的官员都在为他求情。你父亲是一位旷世奇才，又素以忠孝著称，如果王允随意处死你父亲，岂不是会让天下读书人寒心！我会尽力去劝王允，请他同意让你父亲完成修史心愿，著成一代大典。"

马日磾是东汉大儒马融的后人，也是朝廷要员，在当时颇具影响力。他的话让蔡琰的心稍微安定了一些。

前往王允府中为蔡邕求情的人络绎不绝，王允却始终没有松口。

蔡琰惦念着父亲，毕竟是六十岁的老人了，他能撑得过去吗？

终于，在父亲的好友的帮助下，蔡琰得到了入狱探视的机会。蔡琰备了几样小菜和一壶酒，还带了几本父亲爱看的书。

明明外面艳阳高照、暖意融融，可是进了诏狱，沿着狭长的道路向深处越走就越觉得阴冷。

"蔡邕，有人来看你了！"

隔着狱门，蔡琰立刻跪在了父亲的面前。

须发蓬乱的蔡邕哽咽着说："琰儿，你怎么来了？"

看到消瘦憔悴的父亲，蔡琰泪如泉涌，所幸父

隔着狱门，蔡琰立刻跪在了父亲的面前。

亲身上没有沉重的镣铐。

看到蔡琰带来的书，蔡邕故作轻松地说："看来我没有将家中藏书尽数赠予王仲宣是对的啊！"

王仲宣就是王粲，字仲宣。王粲出自名门，曾祖父王龚和祖父王畅都曾位列三公。王粲少有才名，此前途经长安时曾到蔡邕门下拜访。

当时的蔡邕因才学显著而名重天下，来访之人的车马常常填满门前的街巷。听说王粲来访，蔡邕立刻起身出迎，匆忙间竟然把鞋子穿倒了。大家以为来的是什么大人物，结果发现只是一个年幼瘦弱的孩子，都觉得很惊异。蔡邕说："这位是王龚大人的孙子，天赋异禀，我自叹不如。我家里收藏的书籍，应当全部都送给他，才能实现最大的价值。"后来，蔡邕果然送给王粲很多书。

蔡琰放好小菜，又为父亲斟了一杯酒。

蔡邕说："我被董卓以'杀三族'的恐吓强逼出仕，天下人都知道；出仕后董卓对我礼遇有加，天下人也都知道；天下人不知道的是，我经常以各种方式规劝董卓行'正道'。

"董卓逼我出仕，既是想借我的声名来树他自己的形象，也想借此招揽天下士人。他平日待我十分亲厚，想当年初入长安之时，他屡次升迁我的官职，让我发挥所长。每次宴饮聚会，他都会让我弹琴或主持仪式，以增加我的声望。我对他心怀感激是事实，但他的许多行为我也并不认可。

"董卓的幕僚为了讨好他，说他堪比姜尚，可称'尚父'。他问我可否，我不好直接反对，就劝他说要等到平定叛乱返回洛阳后才能讨论。后来长安发生地震，他问我如何应对，我趁机劝他放弃乘坐有违礼制的青盖金华车，于是他改乘合乎身份的皂盖车。我经常找机会匡正他的言行，但他很少采纳，我也没有办法。

"我和你堂叔父蔡谷说过，董卓性格刚强，又喜欢掩饰自己的过失，最终是很难有成就的。我也想过去隐居，可别人说我的容貌气质不同于常人，想要隐姓埋名恐怕是一件十分困难的事。

"想当初在王允府中，我因董卓之死而叹息，王允认为我与董卓同为逆党，不听辩解就将我下狱。董卓不但僭越皇权、残害朝中大臣和天下百姓，还任人唯亲，将自己的弟弟、侄子都委以重任。他的族人，不论男女，甚至襁褓中的婴儿都得到封赏。我怎么可能背弃国家而偏向这样的人呢？

"事已至此，我愿意为这一声叹息谢罪于朝堂天下，甘愿接受黥首刖足的惩罚，只希望能够有机会修成汉史。可是王司徒他不肯啊！"

看着年迈的父亲絮语落泪，蔡琰难过极了。她劝慰道："父亲，前几日马太尉特意来到家中，说许多曾在东观校书的官员都在为您求情。他还说您是旷世奇才，又素以忠孝著称，王司徒应该能够网开一面，让您完成心愿，修成汉史。"

蔡邕一口饮尽杯中酒，说道："琰儿啊，你是只知其一，不知其二！我听说王允将我与司马迁作比。他说当初司马迁触怒龙颜，武帝只对司马迁施以宫刑却不杀他，他才有机会修成《史记》并流传后世。还说司马迁因为心怀愤恨而成书，所以《史记》多有诋毁皇家的不敬之词，是一部'谤书'。他认定我是一个喜好谄媚逢迎的佞臣，说如今国势未稳，不能让我作为史官跟随在幼主左右。他不但担心我会影响皇帝，还害怕我会在史书中留下对他不利的言论，所以不可能让我执笔修史了。"

"父亲，您不会的，您会以公正之心完成汉史的。"蔡琰急切地说。

"琰儿，可惜他们是不会相信的。"蔡邕说："如今为父只怕难逃一死，你母亲走得早，倒是免去了一场灾难。只是苦了你和小妹了！"

"不，父亲，您不会死的，一定不会的！"蔡琰哭着说。

"琰儿，他们若不是下了处死为父的决心，恐怕是不会放你进这大牢的。琰儿啊，我这一生没有遗憾，只是苦了你孤身一人未有所托。至于身后，为父只有一件事嘱托于你。"

"父亲，您说。"蔡琰紧咬下唇，神色坚毅。

"还记得咱们曾经说起的曹娥吗？"

蔡琰点头。

"当初会稽郡上虞县县令度尚欲为曹娥立碑，先命县吏魏朗写作碑文，久而未得，又命邯郸淳作文。据说邯郸淳从容捉笔，稍作构思，一挥而就，写下了今天的曹娥碑碑文，其文采令围观者赞叹不已。我在曹娥碑前一字一句地读了碑文，在碑的背面写下了'黄绢幼妇，外孙齑臼'八个大字。琰儿，你可知这八个字是什么意思？"

蔡琰不知父亲为何说起这陈年旧事，她思索片刻便有所了悟，说道："父亲说的可是'绝妙好辞'？"

蔡邕点头道："到底是我的琰儿，着实聪慧！"

这其实是一个字谜。"黄绢"是有颜色的丝绸，"丝"和"色"合起来便是"绝"字；"幼妇"是年少的女子，"女"和"少"合起来便是"妙"字；"外孙"是女之子，"女"和"子"合起来便是"好"字；"齑"是捣碎的姜、蒜或韭菜，"臼"是锤捣所用的容器，当时叫"受辛之器"，"受"和"辛"合起来便是"辤"，这是"辞"的异体字。

蔡邕说："琰儿，这世上有许多东西不易得，'绝妙好辞'就是其中之一。当年我就说过，如果有一天为父不在了，你要做孝女，但不要做曹娥。琰儿，以后若有可能，你要代父续修汉史，就像你素来敬慕的班昭那样。记住了吗？"

蔡琰的泪水再也止不住了："父亲，琰儿必会排除万难续修汉史。"

之后不久，蔡邕冤死狱中。王允感到后悔时，大错已经铸成。

马日磾向王允求情被拒绝后，曾经感慨地说："王允难道就不为后人考虑吗！善待贤人是国家的纲纪，著书立史是国家的典范。毁灭纲纪、废除典范，国家如何能够长久！"

蔡邕死后，天下读书人莫不为之痛哭流涕，兖州和陈留一带受到蔡邕教化的人，为了纪念他，都把他的画像挂在家中。著名经学家郑玄感叹道："蔡邕不在了，汉朝的事情，还有谁能够考订呢！"

同年六月，董卓旧部李傕、郭汜等人率军攻破长安，王允被杀，吕布败逃而走。随后，蔡文姬的命运也被彻底改写。

被掳匈奴

兴平二年（195）的冬天，空旷的草场上错落着大大小小的毡帐，这是南匈奴人的军营。

有一些士兵在饮酒吃肉，另外一些士兵在巡逻警戒。一群年轻女子被看押在一处，她们瑟缩着挤在一起取暖。因为长途奔波，她们看上去疲惫不堪，眼中满是惊恐。她们的衣衫上满是尘灰，还有剐破的痕迹。她们都是南匈奴人从汉朝掳来的俘虏。

这一年汉献帝东归洛阳，李傕、郭汜沿路追击阻止。南匈奴军队趁乱南下，大肆掳掠，他们撤退时除了掳走金银财宝、粮食布帛，还有这些女子。

"你，过来！"一个士兵指着一个怀抱小包袱的女子。女子起身，默默地走过去。自从在长街上被南匈奴人掳走，一路遭受凌辱，看惯了他们的烧杀淫掠，她对自己的未来几乎已经不抱任何希望了。

"包袱里是什么？"南匈奴人多少会一些汉话，这个士兵也是。

"书。"她是在从书肆出来的路上被掳的，包袱里的确是几本书。

"还有什么？"士兵接着问。

"没了。"她木然地回答。

"打开看看。"

她蹲下来，开始解包袱。因为怕包袱在路上散掉，她系得很紧，连日的饥饿和疲劳让她没有力气，怎么也解不开包袱。

士兵怀疑她是故意不肯配合，就将手中的短刀交给同伴，上前一把推开她，自己动起手来。

她被推坐在地上，也不急着起身，就那么静静地看着。

翻来覆去看了好几遍，见包袱里的确只有几本书，士兵悻悻地把包袱丢在地上，走开了。

她慢慢地挪过去，拣起书，一本一本小心地拂去上面的沙土。这时，听见头顶有一个声音传来："你识字？"是带有匈奴腔调的中原话。

她抬起头，是一个高大的男人，看不出年龄，看服饰应该是军中的首领。

她系好包袱，站起身，说："是。"

"会写字吗？"

"会。"

他看着面前的女子，二十出头的样子，梳着汉朝已婚妇人的发式，容貌算不上很美，满面尘灰之中却自有一股沉静的书卷之气。

"你跟我来。"进了毡帐，他说："写几个字。"

他盯着她写下的字，眼睛闪闪发亮。

"昔我往矣，杨柳依依。"字是标准的汉隶，起笔蚕头，收笔燕尾。

她也在看，看着看着就想起了父亲，眼眶有些湿润。

"敢问夫人如何称呼？"他竟然用了一个敬称。

"家父姓蔡。"

她抬起头，是一个高大的男人，看不出年龄，看服饰应该是军中的首领。

"本王一直仰慕汉朝文化，不知蔡夫人可还有其他才艺？"

他自称"本王"！

想到父亲临终前的嘱托，她略微沉吟了一下，说："稍通琴艺。"

不多时，有人送来一张琴，半新不旧。

没有琴桌，她就大大方方地盘膝而坐，将琴放在腿上，开始调弦。音色虽比不得父亲的焦尾琴，却也是一张好琴。他们到底从汉朝抢了多少好东西啊！

她弹的是《蔡氏五弄》中的《坐愁》，早已烂熟于心的曲子。琴音之上，岩石高峻，猿啼鸟鸣，一片哀愁。

琴音稍歇，她闷坐不语。他说："蔡夫人这是想家了？不知家中还有何人？"

她挺直腰背，说："父母双亡，小妹远嫁，无兄弟子嗣。"

"既是如此，蔡夫人以后就留在我身边吧！"语气随意，却也不是商量。"可是，我总不能一直叫你蔡夫人吧！"

她明白他的意思，低声说："妾身表字文姬。"

他点了点头，叫人送她出去安置。

她拿起自己的包袱往外走，听见他在身后说："这张琴也送给你。"

蔡文姬住进蒙古包一样的毡帐，也就是南匈奴人住的"穹庐"。里面有地毡，有木制的矮桌，有火炉，还有炊具。穹庐顶上有一个天窗，用来采光和通风。

天气好的晚上，蔡文姬会开着天窗，仰望天上的星星，想念家乡。她想起小时候和小妹奔跑追逐，想起父亲教自己写字、弹琴，想起母亲和姨母立在窗下喊大家吃饭……

过了几天，她渐渐知道，那个男人是左贤王，地位仅次于单于。

初入匈奴时是塞上草原的冬季，草场一片空旷，草色枯黄。蔡文姬忽然想起《诗经》中的句子："何草不黄，何日不行，何人不将，经营四方。何草不玄，何人不矜，哀我征夫，独为匪民。"

从前读诗，她并不能真切地体会那些征夫苦于行役的凄楚，而今亲身经历了战乱，又被带到一个陌生的地方，饮食殊异，言语不通，她忽然就懂了什么叫"感同身受"。这世上为什么要有战争呢？

草原上的主要燃料是牛粪，牛粪点燃的火堆上是烹饪食物的铁锅，铁锅里煮的是新鲜的牛羊肉。南匈奴人眼中的美味，蔡文姬却难以下咽。

左贤王有时会来听她弹琴，看她写字。他还送给她上好的毛笔和动物的皮毛。

左贤王的王妃对她的存在并不介意，从不为难她。她也听过蔡文姬弹琴，蔡文姬的第一支胡笳就是她送的，她说琴弹得好的女人胡笳也会吹得好。

和蔡文姬一同被掳的有一个姓卢的女子，她被赏赐给了一个将领。那个将领比她大二十多岁，平日对她很疼爱。可将领生病去世后，他的儿子要娶她。卢氏不想嫁，就来找蔡文姬向左贤王求情。可是左贤王说，匈奴习俗历来如此，就连当年的宁胡阏氏王昭君也在呼韩邪单于死后嫁给了他的儿子，并生儿育女。最后，卢氏哭着走了。

蔡文姬从不去想自己的未来会如何，她只想有朝一日能够回到自己的家乡。

　　与左贤王共同生活不久，蔡文姬先后生下了两个儿子。看着襁褓中初生的婴孩，初为人母的蔡文姬的心也变得无比柔软。和那些被当作财产随意交换的女子相比，蔡文姬是幸运的。可是，这就是她想要的生活吗？

　　每每听到战马嘶鸣，每每看到雁去雁来，蔡文姬都会无比想念自己的家乡。她想念长安的书肆，想念洛阳的饮食，想念老家陈留的山山水水，也牵挂远嫁的小妹。

　　有时，听见远处的胡笳声，她也会拿起胡笳，或是轻抚琴弦，抒发自己无处寄托的乡愁。

　　儿子会说话了，她教他用汉话叫"阿娘"，教他背诗；儿子会握笔了，她教他一笔一画地写汉字，教他弹琴。

　　蔡文姬与汉朝已经音讯隔绝，只是偶尔会听左贤王说起。当然，是听左贤王和别人说起。左贤王从不和她说汉朝的事，也许是不想她离开，也许是不想她难过。

　　一个识字的人是注定离不开书的。蔡文姬手上的书不多，就只能默写自己还记得的那些。

夏天的穹庐有点闷，有时要拭去掌心的汗水；冬天的穹庐有点冷，有时要停笔呵手暖一暖。她很庆幸当初父亲将许多藏书送给了王粲，不然，乱世之中那些珍本也很难保全。

她忽然又想到了父亲的焦尾琴。如今，那张琴会在哪里呢？如果她知道焦尾琴直到一千多年后的明朝还能被人珍藏、弹奏，不知该有多么欣喜。

在草原的日子里，蔡文姬学会了骑马。坚韧的性格让她不畏惧人生中的任何艰难，草原骏马的桀骜和马背上的颠簸又算得了什么！左贤王还送给她一把小巧的匕首用来防身，上面镶着红珊瑚蓝宝石。乍看上去，她已经很像是草原女子了。

五月的阴山脚下，左贤王带她去看岩画。

那是草原的腹地。左贤王下马，先用匈奴古老而郑重的仪式祭拜了天地和山神，然后骑马带她转了好几处山谷。

看到那些岩画，蔡文姬的内心无比震撼。这是她在中原从没见过的景观。这些岩画，大多用线条勾勒而成，记录了匈奴部落和其他北方民族的生

在草原的日子里，蔡文姬学会了骑马。

活。那些稚拙的图案和她不知道是什么材质的颜料，让画面极其生动。

岩画上有草原上的马、牛、羊、麋鹿、狐狸、骆驼，还有天上的雄鹰、云雀和百灵鸟。从岩画上，可以看到他们的日常生活，比如手执弓箭、棍棒的行猎图，挥动长鞭的放牧图，男女老少围着篝火的舞蹈图，还有士兵们披坚执锐、挽弓搭箭的战争图。

左贤王驱马带蔡文姬来到岩画的近前，向她解释道："你看这些岩画，这种一个个小点儿连起来的，是用石器一点点敲出来的。这些小点儿连在一起，远远看来就成了画。"他又指向旁边的一块山石："你看，这种是用金属刀或石刀刻出来的，边缘的痕迹很深，但是画的表面很光滑，没有那些小坑。"

她仔细分辨，果然如此。

他们的民族也有自己的历史和文化，在与大自然的搏斗中也是值得尊敬的。可是，他们为什么要把汉朝的女子掳掠至此呢？

在草原住得久了，蔡文姬度过了言语不通的阶段，左贤王与她的话也渐渐多了起来。有时他们也会说起卫青和霍去病，说起苏武和王昭君，说起时下匈奴和汉朝的关系，也说起那场南匈奴人将蔡文姬从中原掳到草原的战争。

年复一年的北风卷地，年复一年的落雪无垠。在随着季节流转的无数次迁徙中，蔡文姬数着春秋，也数着冬夏。

冬天的时候，洛阳和长安也会下雪，可是都没有这里的雪下得大。这里下雪的时候，天地间白茫茫一片。毡帐上落雪，马匹、牛羊身上落雪，无边的草原也全被雪覆盖了。

春天的时候，洛阳和长安也会开花，可是都没有这里的花开得奔放。这里野花遍地，万紫千红。匈奴女子也和汉朝女子一样，在自己的发间簪花。

这雪下了十二次，这花也开了十二次，蔡文姬已经能用匈奴语和人熟练地交流了。虽然不爱胭脂，也不爱簪花，但蔡文姬身上的衣饰已经没有汉朝的影子了。

没有人能和她说家乡话，她就朗读诗书，她不能让自己忘记乡音。她还惦记着父亲想让她续写汉史的嘱托。

　　蔡文姬生下第二个儿子的时候，左贤王送给她一套汉朝女性的衣裙。她试都没试就收了起来，她觉得自己不会再有穿上汉服的那一天了。

重金被赎

大漠风烟稍歇，残阳依旧如血。

蔡文姬正怀抱小儿子，站在毡帐外看大儿子试骑他的小马驹，心里想着过几年小儿子也该有他自己的小马驹了。

在离匈奴部落几百里的地方，汉使周近拂开遮面的袍袖，吐了一口嘴里的沙子，内心发出一声哀号。走了这么多天，离目的地居然还有那么远！是啊，三千里，可不就是远嘛！

接到丞相曹操下达的这个任务时，周近是极其自豪的。能够亲自把蔡中郎流落在匈奴的女儿接回汉朝，这是一份多么荣耀的使命啊！

周近带着出使的车队向西又向北，一路风餐露宿，带的干粮吃完了，就得吃当地的食物，不仅不合口味，而且极其粗粝。住的地方简陋不说，夜里还能听到凄厉的狼嚎。周近想，自己有车有马有随从还觉得条件艰苦，蔡文姬只是一个弱女子，这一路又是如何过来的呢？

从兴平之乱到现在，已经过去了整整十二年。也不知蔡中郎的女儿那双习惯了写字弹琴的手，能拎得动沉重的马奶桶，能割得了大块的牛羊肉吗？

此时的蔡文姬丝毫不知道在距离自己不远的地方，有一个曹操派来的人，即将改变自己的命运。

曹操，是蔡文姬年幼时曾在家中见过的人，他总是与父亲兴高采烈地谈天说地，父亲也曾说过，曹操将来能成就一番大事业。

这一年，曹操打败袁绍、平定乌桓，统一了汉朝的北方。对外，他的武力震慑达到顶峰；对内，他有了重新修史的愿望。

当年，曹操与蔡邕在桥玄的府上相识后，他对比自己年长二十二岁的蔡邕佩服得五体投地，此后常去蔡家请教。桥玄和蔡邕都认为曹操是能安天下的人。那个时候曹操还只是一个二十几岁的年轻人，十分感激蔡邕的青眼有加。后来听到蔡邕去世的消息，曹操一直为自己没能做点什么而深感遗憾。

周近早前并不知道曹操和蔡邕有什么交情。在不久前的一次宴会上，他才得知了这层关系。

那次的宴会只是一次寻常的宴饮，酒过三巡，大家赋诗为乐，曹操命歌女唱了他的旧作《蒿里行》：

关东有义士，兴兵讨群凶。

初期会盟津，乃心在咸阳。

军合力不齐，踌躇而雁行。

势利使人争，嗣还自相戕。

淮南弟称号，刻玺于北方。

铠甲生虮虱，万姓以死亡。

白骨露于野，千里无鸡鸣。

生民百遗一，念之断人肠。

听得此歌，众人无不念及当初的南征北战和民生涂炭，在唏嘘不已中对曹操平定北方的功业愈发赞叹连连。于是有人提议阮瑀（字元瑜）抚琴以记当日之事，曹操自是欣然同意。

这位阮瑀就是赫赫有名的"建安七子"之一，他不但文章老成，而且精通音律，琴艺首屈一指。

一曲终了，大家纷纷夸赞阮瑀琴艺了得，能赋诗事于琴弦之上。唯独曹操端着酒杯沉吟不语。只听曹操一声喟叹："元瑜的琴曲让我想起了蔡中郎。"

阮瑀道："瑀与蔡中郎同为陈留人氏，瑀自幼受学于蔡中郎，得其指点诗文、琴艺，至今不敢忘却师恩。"

曹操放下酒杯说道："蔡中郎于我有师长之谊，我征战天下却未能为中郎略尽绵力，一直深以为憾。可怜蔡中郎只有二女，虽门生遍布天下，陵前却无亲人祭扫。听说蔡中郎将一生所学尽付于长女文姬，而文姬又于兴平之乱中不知所踪。"

有人接话说："听闻蔡氏文姬当年为南匈奴所掳，没于胡中。"

曹操立刻大喜道："着人细细查证，如消息确切，当不惜重金赎回。"细细算来，当年他在蔡邕府上见过的那个头梳双鬟的小女孩如今也应该是人到中年了。

事实上，曹操共派出了两队人马去寻访蔡文姬的下落。一队在民间暗中查访，另一队直接找到了南匈奴的首领呼厨泉单于。

呼厨泉单于并不清楚曹操要找的蔡文姬是什么人，以及人到底在哪里。就算当年蔡文姬真的到了南匈奴，十几年过去，是否还活着都是一个问题。眼下正是南匈奴想要和汉朝交好的关键时期，这件事既然曹丞相提了，他就要派人认真地找一下。

曹操后来得知蔡文姬的确在南匈奴，而且已经和左贤王生了两个儿子。

知道蔡文姬还活着，曹操很是高兴，他觉得自己终于可以为蔡邕做点什么了。曹操命周近为使臣，带领团队携千金重币和一双玄玉玉璧去向南匈奴赎回蔡文姬。

以当时的形势，向南匈奴直接索要蔡文姬也不是完全办不到。之所以奉上千金及玉璧，一来表达诚意，二来也彰显了汉朝的国力。

临行前，周近心里特别不踏实，尤其是想到蔡文姬已经生了两个儿子。他再度求见曹操，说："丞相，若是蔡文姬不舍幼子，不愿回来怎么办？"曹操来回踱了几步，说："你只需说：'中郎墓无人祭扫，汉史记尚未成书。'"

周近历尽千辛万苦，终于得到单于的首肯，见到了左贤王。左贤王听完周近的请求后，一直沉默不语。

他从未设想过，自己的生命里竟然还会有这一天。蔡文姬，他南匈奴左贤王庭的"蔡夫人"，他喊了十二年"文姬"的女人，竟然要离他而去吗？他再也看不到她俊逸的汉字了吗？再也听不到她泠然的琴声和清晨朗朗的背书声了吗？

她不是他的正妻，也并非天下绝色，却实实在在是他深爱的女人。他们还有两个孩子，她舍得吗？

可是左贤王也知道，眼下南匈奴和汉朝的关系容不得他拒绝。

"留下还是回去，需要听文姬自己的意见。"他的声音有些艰涩。

然后蔡文姬和她的琴一起被"请"到了汉使的面前。周近打量着眼前的妇人，除了举手投足间的仪态仍可以看出从前的教养，从发型到衣饰已全然不见汉家模样。

蔡文姬微微抬眼，向周近行了一个简单的汉家之礼。她能看出，来客是一个汉人，而且有官职在身。蔡文姬并没有多想，这些年左贤王也常命她为客人弹琴。

请求蔡文姬弹琴，其实是因为周近还想再确认一下她的身份。琴音响起时，周近就知道自己不用怀疑了。他不是精通音律之人，但鉴赏力还是有的。

文姬奏琴已毕，再度施礼，打算离开。

"夫人留步！敢问高阳乡侯蔡中郎是夫人何人？"

周近温和的声音在文姬的耳边无异于一声惊雷。蔡文姬抬起头，眼眸之中是无法掩饰的震惊之色："高阳乡侯蔡中郎乃是家父。"一语未毕，蔡文姬早已泪落如雨。

周近站起身，整理了一下衣冠，面向蔡文姬朗声道:"汉使周近奉曹丞相之命持千金玄璧赎蔡中郎之女蔡文姬归汉!"

"汉使""曹丞相""千金玄璧""蔡中郎之女蔡文姬""归汉",每一个字眼都如同重锤砸在蔡文姬的心上。尤其是"归汉"两个字,震得她几乎回不过神来。她知道,汉使口中的"曹丞相"就是曹操曹孟德。

蔡文姬不敢相信眼前的一切,自己真的可以归汉吗?她时刻不曾忘怀的心愿就要实现了吗?

她看向周近,周近重重地点了点头。她又看向左贤王,左贤王只是看着她。她动了动唇,却说不出话。

左贤王面色凝重地说道:"是去是留,你自己决定。若去,我自会照顾好两个孩子;若留,你可自书复函一封请汉使带回。"

留下吗?那是不是意味着她再也回不到家乡?离开呢?听左贤王的意思,是不许她带走两个孩子。那他们母子岂不是就要天涯隔绝、相见无期?

看到蔡文姬的犹豫,周近上前一步道:"曹丞相不惜重金,只为续我汉室文脉。他托我转告夫人两句话：'中郎墓无人祭扫，汉史记尚未成书。'"

听到这里，蔡文姬再度泪雨滂沱。良久，她平复了心情，向上座的左贤王和周近跪下，施以大礼："高阳乡侯蔡中郎之女蔡文姬，愿奉曹丞相之命归汉！"这句话仿佛抽空了她全部的力量，她甚至不知道是如何回到自己的住所。

晚上，蔡文姬满腹心事地哄着两个儿子睡下，然后，取出剪刀和布料，她要在离开之前给两个儿子做几件衣服。如果时间充裕，她想把两个儿子一直到成亲之前的衣服都做好。她多想看看儿子们的婚礼和美丽的新娘啊！可她应该看不到那一天了。

草原的夜是那么的安静，静到可以听得见唧唧的虫鸣。在南匈奴的这十二年里，蔡文姬看到，每当孩子去远方放牧或是征战之时，他们的母亲就会这样连夜为儿子做好新衣。可是这一次，不是儿子要远行，而是她这个做母亲的要远行了。想着想着，她的泪水就模糊了双眼，打湿了儿子的新衣，针不小心扎到了手指，冒出了血珠，但她已经感觉不到疼痛了。

呜咽的胡笳之声从不远处传来，蔡文姬知道，

如果时间充裕，她想把两个儿子一直到成亲之前的衣服都做好。

这是左贤王在吹奏。

　　自从蔡文姬做了归汉的决定，左贤王就再没有与她单独相对，仿佛从她下了决心的那一刻起，两人就不再有任何关联。可是今夜的胡笳，分明是他的不甘与不舍。

　　蔡文姬经历了一路流徙的饥寒与侮辱，她感激左贤王救自己于水火。他一直待她很好，也很尊重她。如果就这样过下去，看着两个儿子长大，她觉得也没什么不好。

　　清晨的炊烟升起，奶茶的香气四下飘散，蔡文姬去喂了她的枣红马，从鬃毛到马尾都仔细梳理了一遍，干净得连一个草籽都没有。这些年，从她学会骑马，一直是这匹枣红马陪着她，在阴山、在河套、在草原。虽然左贤王说她的东西都可以带走，可是这匹枣红马她只能留下。中原，没有她纵马驰骋的地方。

　　两个儿子跑过来，搂着蔡文姬的脖子说：“阿娘，你要去哪里？你不要我们了吗？”她不知道该如何回答，只是抱着他们哭，昨夜已经哭肿的眼睛愈发肿得只剩一条线了。

周近出使的时候，特意为蔡文姬带了两个侍女和汉朝最流行的衣饰。他考虑得很细致，文姬已经有十二年没梳过汉女的发式了，手生，心也慌。

　　看着镜中由侍女熟练挽起的发髻，再换上汉服，系好玉佩，蔡文姬感觉恍如隔世。

　　蔡文姬的行囊很小，随身的衣物之外，只有两个儿子亲手编的草狗、王妃送的一挂璎珞，还有左贤王当年送的镶着珊瑚和宝石的小匕首。

　　离别前，蔡文姬正式拜别左贤王和王妃。王妃说："你放心，我会照顾好两个孩子。"左贤王说："你放心，我会让他们成为草原上的雄鹰。"他又沉吟了一下，说："此去山高水长，蔡夫人多多保重！"

　　蔡文姬怀着复杂的心情随同使团返回汉朝，一路沉默寡言。告别阴山，告别草原，在看到长城的一刹那，蔡文姬再也压抑不住自己，失声痛哭。

再嫁董祀

    一路车马颠簸，走过数千里，从匈奴草原回到汉朝都城，蔡文姬的感觉不是"物是人非"，而是"物非人亦非"。

    蔡文姬被掳至匈奴的第二年（196）正月，汉献帝改元建安，"建安文学"和"建安风骨"也就此成为中国文学史上熠熠生辉的字眼。

    汉献帝改元后，历经重重险阻，先是在七月东归至洛阳，立足尚未安稳又在八月被曹操迎至许县并定都于此。

    作为皇帝，汉献帝既是臣下竞相保护的对象，也是臣下不断争抢的对象。抢到他，不但可以树立"忠君"的形象，还可以"挟天子以令诸侯"。

从文姬入匈奴到归汉，十几年过去了，曾经很不起眼的许都，此时也是殿宇高耸，人群扰攘，商铺林立，一派繁华。但蔡文姬还是觉得，这里与当年住过的洛阳和长安都不一样。

到底哪里不一样呢？蔡文姬也说不出来。也许是因为岁月流逝，人也不复当年了吧！

当蔡文姬随着使团抵达许都的时候，她和曹操再度相见，曹操端坐于高堂之上。蔡文姬向曹操行再拜大礼，缓慢而郑重。

这是她从小就熟悉的礼节，每一个动作都已刻入骨髓，十二年的光阴不曾忘掉，即使再过十二年也不会。

曹操本不必起身，却还是上前还了一个揖礼。

蔡文姬知道，这礼其实是曹操为父亲而还的，她看得出曹操的激动、自豪，甚至看得到他眼中饱含的热泪。他一定是想起了那些与蔡邕青梅煮酒、秉烛夜谈的日子。

虽然贵为丞相，曹操还是陪着蔡文姬去祭扫了蔡邕的陵墓。看得出，他是想亲自在墓前告慰蔡邕的在天之灵——他，曹操，赎回了老师心心念念的女儿。

蔡文姬浑身缟素，发髻也用麻布束成。她哀哀痛哭，哭父亲的无妄冤死，也哭自己的命途多舛。在战乱中被匈奴人掳走是她永远的痛苦，为了归汉无奈抛下幼子更是她作为母亲无法抚平的悲伤。她告诉父亲他还有两个外孙在草原，却不知道两个孩子是否会有机会来外公的墓前磕几个响头。

接回蔡文姬后，曹操首先想将她的生活安顿好。曹操先是拨了宅子和侍女、仆妇给蔡文姬，之后看她孤苦伶仃一个人，就想给她安排一门亲事。只有文姬有了归宿，曹操觉得才算真正对得起蔡邕。

至于文姬应该嫁给怎样的人，曹操有自己的考虑。若论才华，年龄相当者，没几人配得上蔡文姬；若论家世，门第太低只怕是辱没了蔡邕的女儿，门第太高又怕会苛待文姬。

看来看去，曹操相中了一个人——董祀，屯田都尉，陈留人，发妻亡故，如今也是孤身一人。

曹操从建安元年（196）开始设置田官，带领军民垦荒屯田，用以筹措军饷和税粮。董祀担任的屯田都尉负责屯田，算是中等官员。董祀通书史，谙音律，长得一表人才，年纪比蔡文姬小一点。曹操觉得他是最合适的人选。

董祀的家乡也是陈留，蔡邕在陈留人心中的地位无人能及，两人不但生活习惯相似，将来遇事他应该也能对文姬多一份包容。

就这样，曹操为董祀和蔡文姬定下亲事并举行了婚礼。成婚那天，曹操携卞夫人前来道贺。这是一般人享受不到的恩遇。

因为来的客人多与蔡邕有关，且多是子侄辈，所以婚礼更像是一场文人雅集。众人请文姬弹琴，文姬也不忸怩，弹了一曲《高山流水》，以酬谢今日前来贺喜的诸位亲朋。

蔡文姬的琴声让人想起了蔡邕。有人向阮瑀提议说："元瑜少年时曾就学于蔡中郎，与文姬的琴艺同出于中郎，今日不妨让我等再领教一二。"

阮瑀摆手道："众位有命，瑀不敢推托，但求改日。今日乃董都尉大喜的日子，切不可喧宾夺主。素闻董都尉也是琴道中人，不如请董都尉弹奏一曲。"

知道在座的许多人都精通音律，卞夫人更是能歌善舞，董祀不免谦让一番。奈何众人不肯放过他，他便选了蔡邕所作的《绿水》。

这首曲子本是蔡邕访鬼谷遗迹时所作，是《蔡氏五弄》之一，此时奏来，董祀无疑是想借鬼谷南曲之涧冬夏常绿告诉众人，他待文姬此生不渝。

果然，卞夫人频频点头，既是赞赏董祀的琴艺，也是赞赏他对文姬的心意。

蔡文姬是琴中名家，六岁时便有辨音之能，此时一听董祀的选曲和琴中之意，心上欣然，不觉抚弦与之相和。铮铮的琴声之中，众人不觉会心莞尔。

婚后的日子，两人同调素琴、共读诗文。

董祀的主要职责就是带人垦荒种田，春种、夏锄、秋收、冬藏。按理说这样的工作，会远离是非，可没过多久，董祀还是出事了。

"犯法当死"四个字传到蔡文姬耳中的时候，她一阵恍惚，神思飘回了当年父亲获罪下狱的那一刻。蔡文姬手脚冰凉，心跳不已——她已经失去了太多了，不能再失去丈夫。

蔡文姬想到了曹操。对的，去向曹丞相求救，一定可以的！她要去拜见曹丞相，恳请他赦免董祀。她要让曹丞相看到自己的诚意。

蔡文姬来到丞相府门外的时候，曹操正在会客，公卿、名士和来自远方的使者正相聚在相府的厅堂之上。

听说蔡文姬求见，曹操对宾客们说："蔡伯喈的女儿在外求见，今天就让各位见见这位奇女子。"

大家都知道蔡邕的女儿饱读诗书、熟知礼法，以为她一定会以端庄娴雅的姿态出现，在他们面前。可是等到蔡文姬进来时，大家惊讶地发现，她竟然蓬头赤足（蓬头赤足并非无礼，而是古代女子犯下重大过错时请罪的礼节）。

曹操见状赶忙问："文姬何故如此？"

蔡文姬缓缓跪下，叩头道："文姬此来，代夫君董祀请罪。董祀冬夏在田，一心为公，纵有大过，亦有小功。丞相以金璧之贵将我从匈奴赎归，又亲自做媒将我嫁于董祀，必是愿文姬能忘却苦难，将一生所学报效汉室。文姬愿为此志赴汤蹈火，不惜椎心呕血弃幼子于匈奴。今日唯请丞相

可是等到蔡文姬进来时，大家惊讶地发现，她竟然蓬头赤足。

宽恕董祀，罢官受刑皆可，只求留他一命，容他慰文姬千疮百孔之心，容他助文姬晨昏笔墨之力。文姬身为女子，不能袒臂负荆有污丞相及贵人之眼目，唯有蓬首赤足以表决心。"

蔡文姬的声音清亮沉稳，句句在理，话中的深意让人倍感辛酸，在座之人无不为之动容。

曹操说："我确实同情你和董祀，但是判决的文书已经送出去了，还能怎么样呢？"

蔡文姬说："丞相的马厩里有上万匹骏马，还有数不清的猛士，难道就不能派一个人骑上快马追回文书，解救一个将死之人吗？"

曹操被蔡文姬的言辩之才和她对董祀的情意所感动，就真的派人去追回了判决的文书。蔡文姬答应曹操，要将自己能够记诵下来的父亲的藏书默写下来送给他。

当董祀回到家中的时候，向蔡文姬行了一个大礼，说："委屈夫人了，董祀自当肝脑涂地，报答夫人恩义。"

文姬道："你我夫妇一体，同荣共辱。但凡有一点希望，都不能让你孤身赴死。"

董祀知道，一个饱读诗书的女人蓬头赤足出现在众人面前要承受多大的心理压力，非有一腔深情不可。经此一事，蔡文姬在他心中的分量更重了。

继承父业

    董祀平安归来后，蔡文姬也开始了她与此前完全不同的生活。她每日与纸笔为伴，要让自己记忆深处的那些文化瑰宝重新璀璨现世。

    蔡文姬蓬头赤足去曹操府上替董祀求情的那天，天气还很寒冷，曹操答应派出快马后，就赐给蔡文姬头巾和鞋袜，待她更衣已毕、仪容优雅地前来致谢时，曹操问她："听说你家里原来有很多书籍，现在你还能想起来有哪些吗？"

    蔡文姬说："我父亲过世时留下的珍贵书籍有四千多卷，但都没能保存下来。现在我能背诵的，才不过四百多篇。"

    曹操一听，很是兴奋。他迫不及待地说："现在我就派十个抄书官协助你把这四百多篇文章默写下来。如果能将这些珍本传于后世，文姬功德无量！"

蔡文姬说："丞相，不可，不可。男女授受不亲，文姬不便与男子共事。请您多赐给我一些纸和笔，我亲自写下来交给您。"

曹操欣喜异常，就准备了上好的文房用品送到她的家中。董祀回家后发现，蔡文姬书案边的搁架上，已经有厚厚一摞写好的文稿。蔡文姬的字飘逸俊秀，又不乏大气磅礴之势。

文姬发现，那些从记忆深处流淌而出的文字，以及伴同那些文字一起恢复的早年跟随父亲学习时宁谧而温馨的回忆，都让她感到快乐。

但一想起父亲已经不在了，蔡文姬难免暗自神伤。从小到大，她几乎没有受过父亲的训斥。父亲考她背诵的时候脸上总是挂着满意的微笑。

每隔一段时间，蔡文姬就会把写好的文稿送给曹操，曹操不时会为古人的文章和蔡文姬的书法击节赞叹，然后再差人送来新的纸笔。

当蔡文姬觉得自己脑中的库存已经用尽时，她去丞相府见了曹操。

蔡文姬说："家父一直期望续成汉史而不得，是为终身憾事。父亲遗命要文姬承父志、继父业，文姬亦曾答允父亲，但有一线机会便当效仿班昭。文姬归汉时您托周近大人转述一句话：'中郎墓无人祭扫，汉史记尚未成书。'今文姬归来，敢问丞相之命可还当真？"

曹操笑道："我要同您说的正是此事。令尊乃一代大儒、士林榜样，深知修史之事意义重大，奈何因王允之短视而未能完成夙愿。史之于国，不可荒废。如今汉史有阙，我心甚憾，愿文姬助我！"

蔡文姬深施一礼道："蒙丞相厚爱，文姬自当竭尽全力。"

曹操将能寻到的前世典册和许多时人的著作一并交付蔡文姬。蔡文姬的家俨然变成了又一个东观，只是著史的人从蔡邕变成了蔡文姬。

到了中秋节，看到蔡文姬一直孜孜不倦地写作，董祀很是心疼，便有心带她出去放松一下，可她不肯。董祀说："北街的拐角新开了一家书肆，每日士子盈门，说是有不少珍本，没准还有你前些日子想要的书。难道你就不想去看看吗?"

蔡文姬听后果然来了精神,立刻就去换了出门的衣裳。她选了一件浅紫色带暗纹的直裾锦袍,外面罩了一件素纱衣。因为过节,又在头上加了两支金钗。

董祀许久没有看到这样的蔡文姬了。岁月早已在她的眼角眉梢刻下印迹,但她身上的宁静与娴雅却一如往常。

街市上很是热闹。无论什么时候,节日总是让人心生欢喜。蔡文姬与董祀一边走,一边欣赏街上的景致。

走到书肆时,发现的确如董祀所说士子盈门。见到董祀,店家直接递了一个包裹出来,说是董祀先前订下的书。蔡文姬打开一看,正是自己前些日子与董祀说起的书,于是打趣道:"感谢董都尉用心良苦!原来你不但特意哄我出门,还备下了这份惊喜。"

董祀笑道:"夫人太累了,应该出来走走。看看这市井万象,将民生的苦乐和忧患也都写进史书之中,让后世记得我汉朝风仪。"

文姬笑道:"夫君总有说辞!但是,你说得对!"

二人一路走走停停,又在桥边看了一会儿风景。回到家中时,意犹未尽,于是去庭院中的亭子里边赏月,边对酌。

蔡文姬说:"对此情景,忽然就想起当年与父母、小妹并坐赏月的情形了。"

董祀道:"三五明月夜,最是怀人时。岳父一生,名满天下,人人都以能识蔡中郎为荣耀。久闻岳父不但喜好辞章、数术、天文、音律、书法,而且教女有方。不知如何教导夫人?还请说来听听。"

文姬笑道:"父亲专门为我和小妹写过一篇《女训》,我背给你听!"蔡文姬朗声道:"夫心犹首面也,是以甚致饰焉。面一旦不修饰,则尘垢秽之;心一朝不思善,则邪恶入之。咸知饰其面,不修其心,惑矣。夫面之不饰,愚者谓之丑;心之不修,贤者谓之恶。愚者谓之丑犹可,贤者谓之恶,将何容焉?故览照拭面,则思其心之洁也;傅脂则思其心之和也;加粉则思其心之鲜也;泽发则思其心之顺也;用栉则思其心之理也;立髻则思其心之正也；摄鬓则思其心之整也。"

背着背着，蔡文姬仿佛又回到少女时光：她与小妹立于庭前，一个及笄少女，一个总角稚童，两人甜润的嗓音合于一处，父母于上座相顾颔首。

听到《女训》，董祀的心中也是起伏澎湃。他想到的是文姬蓬头赤足代自己向曹丞相请罪的那天，对于一个从小就遵循《女训》的女子而言，那得需要多么巨大的勇气啊！

一天，蔡文姬迎来了一位特殊的访客——钟繇。钟繇相貌不凡，聪慧过人，出身颍川钟氏，是名门望族之后，此时已是曹操麾下主管司法的重臣。自从在曹操那里看到蔡文姬手写的书札和文稿，钟繇就萌生了一个大胆的念头。

蔡文姬没想到钟繇初次登门带给自己的礼物竟是一车贵重的纨素。纨素是品质上好的丝织品，除了可以裁衣服、做扇子之外，还可以用来写字。

钟繇痴迷书法，他苦求《蔡伯喈笔法》而不得，此番就是来向蔡文姬学习书法的。之所以带了这样的礼物，是因为民间常说"蔡伯喈非纨素不妄下笔"，也就是说蔡邕只在上好的丝绢上写字。

望着年长自己二十余岁的钟繇，蔡文姬坚决拒绝了他拜师的请求。奈何钟繇极其执着，文姬最终答应，两人有机会可以互相切磋。因为她知道，钟繇的字写得并不亚于自己。

后来，唐代张彦远在《法书要录》中说："蔡邕受于神人，而传与崔瑗及女文姬，文姬传之钟繇，钟繇传之卫夫人，卫夫人传之王羲之。"

蔡文姬和钟繇不仅切磋书法，也讨论汉朝时事。

钟繇向蔡文姬说起当初他如何助献帝突破李催、郭汜的封锁逃出长安东归洛阳，也说起他如何说服居于关中的马腾、韩遂送一子到朝廷为人质，还说建安五年（200）官渡之战时，他因为为前线送去两千匹军马，而被曹操比作萧何。

这些讨论都为蔡文姬的写作提供了丰富的素材，让她在对历史的回望中多了许多思考。

蔡文姬在汉史中写进了朝堂的风云突变，写进了战场的刀光剑影，写进了士人的苦辣悲酸，也写进了自己作为一个乱世女性的血泪与欢颜。她还父愿、酬曹公、续华章，为中华文化血脉的绵延贡献着自己的涓滴之功。

悲愤为文

秋日。没有艳阳高照，只有黑云压城。

董祀一边穿衣服一边看外面，正是农作物的收获期，天气将决定这一年的收成。这阵子，他每天都和军士、农夫一起在田里劳作。

蔡文姬一边帮他整理衣服，一边说："夫君且宽心些！今年庄稼长势好，而且已经收割大半，今日再全力抢收一下应该问题不大。"

送走董祀，蔡文姬走进书房。从小，她的身边就没少过书籍的陪伴。书，总是莫名地让她觉得心安。站在许都最喧嚣街市的书肆里，蔡文姬恨不能把所有感兴趣的书都据为己有。

随着生活逐渐安定，蔡文姬家中的书籍日渐丰富。看着这些书，蔡文姬的心中升起一种满足感，也不由想起父亲还在的日子。

父亲的书房是那样的富有。这富有不仅在于书籍的数量，更在于书中的世界是那么无边无垠。可它就那么毫无征兆地消失了。回想从前，蔡文姬也想起了自己人生中那些无法忘怀的痛楚记忆。

她的痛楚是从哪里开始的呢？

皇室没落？诸侯混战？董卓进京？

最直接的，应该还是董卓吧！

如果没有董卓膨胀的私欲，就不会毁掉汉家江山的根基；如果没有董卓的强行征召，父亲就不必入朝为官，也不会因董卓之死发出叹息，更不会被王允下狱致死；如果没有董卓旧部的紧追不舍，也不会有匈奴入关残害汉家儿女。

蔡文姬痛苦地闭上了眼睛。

董卓的军队，讨伐董卓的军队，董卓的残部，趁乱加入的匈奴军队，金色的阳光下那些闪耀着刺眼光芒的铠甲，至今都如在眼前。匈奴的骑兵格外凶猛残忍，男人的血、女人的泪……

如果没有董卓之乱，自己又怎会被掳入匈奴，经受长达十二年的委屈与辛酸？

午后，狂风骤起，落雨绵绵。蔡文姬关了窗子，看萧瑟的竹影在窗纱上剧烈地抖动。又是一年四季轮回了啊，自己的双鬓已经斑白。

最近，蔡文姬时常想起的诗句是"生年不满百，常怀千岁忧。昼短苦夜长，何不秉烛游"。"千岁忧"她是有的，可"秉烛游"她也只是想想，她知道自己根本就做不到。蔡文姬觉得自己身上开始有了暮气。

回顾前半生，她已经很少叹气了。再早一些时候，当感觉气息淤堵、胸口滞塞的时候，她常常高声吟诵汉高祖刘邦的《大风歌》："大风起兮云飞扬，威加海内兮归故乡，安得猛士兮守四方！"仿佛这样就能让她忘掉眼前汉室的孱弱与混乱，让她回到那个风起云涌的时代，让她能够像男儿一样立于猎猎旌旗之下，听号角高唱，挥金戈起舞，跨骏马驰骋，重回那个豪气干云的王朝。每当此时，董祀就会默默弹琴。

蔡文姬想不通的是，汉家江山的衰颓，凭什么却要让她和千千万万个女子来承担。蔡文姬想起远去匈奴的艰辛、漫长的路程，匈奴人大车、小车上装载着各种各样的战利品。自己和那些被俘获的人，被分成小队，一直被人看守着。

她和卢氏一直在一起，相依相扶。有一天，她突然发现卢氏热切地望着一辆经过的马车，紧紧咬住自己的衣袖，默默流泪。后来卢氏悄悄说，她看到了车上的妹妹，想喊一声却又不敢喊，紧咬住衣袖是怕自己会叫出声来。

蔡文姬懂她的意思。看管她们的匈奴士兵不但骂人，还会打人甚至杀人，卢氏生怕自己的冲动会害了妹妹。于是就只能眼睁睁地看着妹妹消失在眼前，从此天各一方。

十二年里，她是多么地想念自己的家乡啊！父母都已故去，可是他们的陵墓还在，不知可有人为他们洒扫墓园、四时奉祀？

匈奴人的领地上也会出现一些汉人，有的是奴隶，有的是访客。蔡文姬也曾问询攀谈，试图找到自己的家乡人。

可是有多少希望就有多少失望，虽然都是汉人，却没有一个是真正的同乡，没有人能告诉她自己惦念的亲人和故乡到底如何了。那种由欣喜、期待而化成的深深失望，蔡文姬经历了很多次。

蔡文姬还记得有一天，她正怀抱小儿子站在毡房外看大儿子试骑他的小马驹，心里想的是过几年小儿子也该有他自己的小马驹了。没想到，几天后，汉使周近来了。

蔡文姬总是想起自己归汉途中看到长城时那一刹那的心潮澎湃。作为母亲，她舍不得自己的两个孩子，可是她答应过父亲，只要还活着，就要排除万难完成父亲的心愿。

蔡文姬离开前，当儿子搂着她的脖子问她要去哪里时，没人能够体会她的心如刀绞。

天涯路远，海角道长。蔡文姬清楚地知道，这一别，她再也回不到这片草原。她和两个儿子的这一别，是生离，更是死别！

蔡文姬哭，两个儿子也哭。可是那一天，哭得最凶的既不是蔡文姬，也不是她的两个儿子，而是卢氏。

卢氏是来为蔡文姬送行的。

卢氏是蔡文姬在草原最好的朋友，她们一路朝夕相处，又一直生活在同一个地方。卢氏的第一任丈夫是左贤王麾下的将领，第二任丈夫是这个将领的儿子。

卢氏抱着自己的儿子，哽咽着把一封信塞给蔡文姬，说："文姬，我羡慕你终于能回家了，这封信请你带给我的父母和兄长，"稍作停顿，她痛哭失声，说，"如果他们还在的话。"

蔡文姬看着卢氏怀中的婴儿，叹了口气，想安慰她，却不知从何说起。命运不由自己选择，只能被动承受。

蔡文姬忽然想起，在草原时，有一个春天的夜晚，月亮升起来。旷野上不见月上柳梢头，只见孤月一轮吊在天空之上。听见有胡笳之声呜咽地响起时，她曾经作过一句诗："胡笳动兮边马鸣，孤雁归兮声嘤嘤。"如今她已经从匈奴回到汉朝，可是为什么心里仍旧忧思不断？

蔡文姬的胸中有什么东西正在喷薄欲出。她铺开纸张，一口气写下一首长诗，心情久久不能平复。她再一次撕开了自己早已结痂的伤口，没想到依然鲜血淋漓。

董祀回来的时候家里静悄悄的，暮色中的蔡文姬似乎已经端坐成书房里的一尊雕像。

董祀一边摸黑点燃灯盏，一边关切地问："夫人，你怎么了？"蔡文姬没有作声，勉力抬手指了指案上的诗稿。董祀移过灯盏，在蔡文姬的身边坐下。

悲愤诗

这三个字大气磅礴，有一种动人心魄的力量。

董祀接着看下去：

汉季失权柄，董卓乱天常。

志欲图篡弑，先害诸贤良。

逼迫迁旧邦，拥主以自强。

海内兴义师，欲共讨不祥。

卓众来东下，金甲耀日光。

平土人脆弱，来兵皆胡羌。

猎野围城邑，所向悉破亡。

斩截无孑遗，尸骸相撑拒。

马边悬男头，马后载妇女。

长驱西入关，迥路险且阻。

还顾邈冥冥，肝脾为烂腐。

所略有万计，不得令屯聚。

或有骨肉俱，欲言不敢语。

失意几微间，辄言毙降虏。

要当以亭刃，我曹不活汝。

岂复惜性命，不堪其詈骂。

或便加棰杖，毒痛参并下。

旦则号泣行，夜则悲吟坐。

欲死不能得，欲生无一可。

彼苍者何辜，乃遭此厄祸。

边荒与华异，人俗少义理。

处所多霜雪，胡风春夏起。

翩翩吹我衣，肃肃入我耳。

感时念父母，哀叹无穷已。

有客从外来，闻之常欢喜。

迎问其消息，辄复非乡里。

邂逅徼时愿，骨肉来迎己。

己得自解免，当复弃儿子。

天属缀人心，念别无会期。

存亡永乖隔，不忍与之辞。

儿前抱我颈，问母欲何之。

人言母当去，岂复有还时。

阿母常仁恻，今何更不慈。

我尚未成人，奈何不顾思。

见此崩五内，恍惚生狂痴。

号泣手抚摩，当发复回疑。

兼有同时辈，相送告离别。

慕我独得归，哀叫声摧裂。

马为立踟蹰，车为不转辙。

观者皆歔欷，行路亦呜咽。

去去割情恋，遄征日遐迈。

悠悠三千里，何时复交会。

念我出腹子，胸臆为摧败。

既至家人尽，又复无中外。

城郭为山林，庭宇生荆艾。

白骨不知谁，纵横莫覆盖。

出门无人声，豺狼号且吠。

茕茕对孤景，怛咤糜肝肺。

登高远眺望，魂神忽飞逝。

奄若寿命尽，旁人相宽大。

为复强视息，虽生何聊赖。

托命于新人，竭心自勖励。

流离成鄙贱，常恐复捐废。

人生几何时，怀忧终年岁。

　　读罢这五百余字的诗稿，董祀握住蔡文姬的手说："过去的事情都已经过去了，身边的亲人和远方的亲人都会平安无事的，夫人放宽心。"

　　蔡文姬的心绪缓和了一些，点了点头。

　　董祀说："夫人，你这首诗以五言为体述身世之感，篇幅之长，乃古今第一人也！此诗若能流传，后人必当获益无穷！"

　　事实证明，董祀所言不虚，早如曹植，晚如杜甫都从中受益匪浅。

胡笳之吟

董祀在京中朋友不多，大多时候他都是陪着蔡文姬，或者一起去郊外踏青赏景，或者就在家中煮茶煮酒、讲古论今，弹琴、写字、对弈都是他们的日常。

这一天，两个人又切磋琴艺。

董祀弹了一曲《水仙操》，蔡文姬笑道："昔日俞伯牙学琴三年不成，他的老师成连先生就带他到东海之滨，故意丢下他，自己乘船出海，去找老师方子春了。伯牙盼师不回，心生悲凉，听海浪汹涌，想山林幽暗、群鸟悲鸣，乃移情于琴作成此曲。今夫君指下有涛声亦有人情，但未曾援琴作歌，所以算不得很好。"

董祀说："如此说，我便再弹一遍，作歌给夫人听。"

董祀一边弹琴一边唱道："繄洞渭兮流渐渡，舟楫逝兮仙不还，移情愫兮蓬莱山，呜钦伤宫兮仙不还。"这是俞伯牙作《水仙操》时所吟唱的。

蔡文姬说："父亲教我弹的第一支完整的琴曲就是孔子的《猗兰操》，今日我就弹这一曲，也将曲辞唱给你听。"

蔡文姬一边弹琴一边唱道："习习谷风，以阴以雨。之子于归，远送于野。何彼苍天，不得其所。逍遥九州，无有定处。世人暗蔽，不知贤者。年纪逝迈，一身将老。"

蔡文姬的琴音似诉似泣，让董祀想起了孔子"夫兰当为王者香，今乃独茂，与众草为伍，譬犹贤者不逢时，与鄙夫为伦也"的喟叹，也想起了将此曲收入《琴操》一书的岳父蔡邕。

"夫人家学深厚，又乃当世著名琴家，当有自制名曲传世，方不负此盛名。"董祀看着蔡文姬认真地说。

蔡文姬回道："自古以来，好此道者，谁不想有作品传世？然而像父亲那样闻名天下的一代名家，也不过只有数支琴曲泽被后人，我又何德何能写出传世之曲？"

董祀说："夫人自幼与琴有缘，'六岁辨音'之事谁人不知？每每抚琴，说是技惊四座也不过分，董祀确信夫人有此德，亦有此能。"

夜来，入梦，蔡文姬陷入沉沉的梦魇。

三千里长路艰难，蔡文姬忍辱负重前行，跨陇水、别长城，胡地狂风骤起，黄沙弥漫，睁不开眼，迈不动步；长路漫漫，鬓发蓬乱、衣衫褴褛的蔡文姬挣脱束缚冲向一口水井，正欲投身而下时被匈奴兵一把抓回；又是一年秋草黄，边马鸣，鸿雁飞，雁足突然落下一封信，蔡文姬跑上去捡起来，眼前是父亲和母亲向她伸出手，她也伸手，可是父亲母亲越来越远，怎么也够不着；蔡文姬站在蓝天之下，春阳煦暖，碧草如茵，她的两个儿子正在草地上玩耍，他们向她跑来，跑着跑着就成了两个壮硕的小伙子，可是突然出现一群蒙面人，他们将刀刺入了两个儿子的身体，鲜血汩汩而流……

噩梦让蔡文姬突然惊醒，全身都是冷汗。

还好，只是一个梦。

可是这个梦勾起了她对两个儿子魂牵梦绕的思念。寒暑易节，四季轮回，她一直惦记着他们的寒暖温饱、苦乐忧愁。他们，也会想她吗？

如果不是这个梦，蔡文姬都没有发现，时间过去这么久，那场战争带给自己的创伤依然是那么深重。

接下来，蔡文姬翻来覆去，怎么也睡不着。她怕吵醒身边的董祀，披衣下床出了卧房。

庭前月色如水，微风过处竹影微摇，印在地上如水草丝丝交错。兼以竹叶沙沙，虫鸣唧唧，越发让人觉得这深夜寂静。

蓝田的土地和气候其实并不适合种竹子，可是因为文姬喜欢，董祀就让人在靠近墙角的地方试着种了几丛，没想到竟然长得还不错。

蔡文姬顺着甬路信步向后园走去。身上寒意略生，蔡文姬想起水阁上还有白天与董祀对弈剩下的半局未完的棋，于是就向那边走去。

水阁几乎就是她和董祀的另一间书房，除了棋枰，还有书案和琴桌。许是白天未曾收好，水阁的一道罗帷在风中轻轻舞动，如文姬此刻起伏的心情。

蔡文姬坐到琴桌前，心里浮现出已经多年不闻的胡笳的呜咽之声，双手轻抚琴弦。伴随着琴音响起，她的歌吟也随口而出：

我生之初尚无为，我生之后汉祚衰。天不仁兮降乱离，地不仁兮使我逢此时。干戈日寻兮道路危，民卒流亡兮共哀悲。烟尘蔽野兮胡虏盛，志意乖兮节义亏。对殊俗兮非我宜，遭忍辱兮当告谁？笳一会兮琴一拍，心愤怨兮无人知。

戎羯逼我兮为室家，将我行兮向天涯。云山万重兮归路遐，疾风千里兮扬尘沙。人多暴猛兮如虺蛇，控弦被甲兮为骄奢。两拍张弦兮弦欲绝，志摧心折兮自悲嗟。

越汉国兮入胡城，亡家失身兮不如无生。毡裘为裳兮骨肉震惊，羯羶为味兮枉遏我情。鼙鼓喧兮从夜达明，胡风浩浩兮暗塞昏营。伤今感昔兮三拍成，衔悲畜恨兮何时平。

无日无夜兮不思我乡土，禀气含生兮莫过我最苦。天灾国乱兮人无主，唯我薄命兮没戎虏。俗殊心异兮身难处，嗜欲不同兮谁可与语！寻思涉历兮何艰阻，四拍成兮益凄楚。

　　雁南征兮欲寄边声，雁北归兮为得汉音。雁飞高兮邈难寻，空断肠兮思愔愔。攒眉向月兮抚雅琴，五拍泠泠兮意弥深。

　　冰霜凛凛兮身苦寒，饥对肉酪兮不能餐。夜间陇水兮声呜咽，朝见长城兮路杳漫。追思往日兮行李难，六拍悲来兮欲罢弹。

　　日暮风悲兮边声四起，不知愁心兮说向谁是！原野萧条兮烽戎万里，俗贱老弱兮少壮为美。逐有水草兮安家葺垒，牛羊满野兮聚如蜂蚁。草尽水竭兮羊马皆徙，七拍流恨兮恶居于此。

　　为天有眼兮何不见我独漂流？为神有灵兮何事处我天南海北头？我不负天兮天何配我殊匹？我不负神兮神何殛我越荒州？制兹八拍兮拟排忧，何知曲成兮心转悲愁。

　　天无涯兮地无边，我心愁兮亦复然。人生

倏忽兮如白驹之过隙，然不得欢乐兮当我之盛年。怨兮欲问天，天苍苍兮上无缘。举头仰望兮空云烟，九拍怀情兮谁与传？

城头烽火不曾灭，疆场征战何时歇？杀气朝朝冲塞门，胡风夜夜吹边月。故乡隔兮音尘绝，哭无声兮气将咽。一生辛苦兮缘别离，十拍悲深兮泪成血。

我非贪生而恶死，不能捐身兮心有以。生仍冀得兮归桑梓，死当埋骨兮长已矣。日居月诸兮在戎垒，胡人宠我兮有二子。鞠之育之兮不羞耻，悯之念之兮生长边鄙。十有一拍兮因兹起，哀响缠绵兮彻心髓。

东风应律兮暖气多，知是汉家天子兮布阳和。羌胡踏舞兮共讴歌，两国交欢兮罢兵戈。忽逢汉使兮称近诏，遗千金兮赎妾身。喜得生还兮逢圣君，嗟别稚子兮会无因。十有二拍兮哀乐均，去住两情兮谁具陈。

不谓残生兮却得旋归，抚抱胡儿兮注下沾衣。汉使迎我兮四牡骓骓，胡儿号兮谁得知？与我生死兮逢此时，愁为子兮日无光辉，焉得羽翼兮将汝归。一步一远兮足难移，魂消影绝兮恩爱遗。十有三拍兮弦急调悲，肝肠搅刺兮人莫我知。

身归国兮儿莫知随，心悬悬兮长如饥。四时万物兮有盛衰，唯我愁苦兮不暂移。山高地阔兮见汝无期，更深夜阑兮梦汝来斯。梦中执手兮一喜一悲，觉后痛吾心兮无休歇时。十有四拍兮涕泪交垂，河水东流兮心是思。

十五拍兮节调促，气填胸兮谁识曲？处穹庐兮偶殊俗，愿得归来兮天从欲，再还汉国兮欢心足。心有怀兮愁转深，日月无私兮曾不照临。子母分离兮意难任，同天隔越兮如商参，生死不相知兮何处寻！

十六拍兮思茫茫，我与儿兮各一方。日东月西兮徒相望，不得相随兮空断肠。对萱草兮徒想忧忘，弹鸣琴兮情何伤！今别子兮归故乡，旧怨平兮新怨长！泣血仰头兮诉苍苍，胡为生兮独罹此殃！

十七拍兮心鼻酸，关山阻修兮行路难。去时怀土兮心无绪，来时别儿兮思漫漫。塞上黄蒿兮枝枯叶干，沙场白骨兮刀痕箭瘢。风霜凛凛兮春夏寒，人马饥汇兮骨肉单。岂知重得兮入长安，叹息欲绝兮泪阑干。

　　胡笳本自出胡中，绿琴翻出音律同。十八拍兮曲虽终，响有余兮思未穷。是知丝竹微妙兮均造化之功，哀乐各随人心兮有变则通。胡与汉兮异域殊风，天与地隔兮子西母东。苦我怨气兮浩于长空，六合虽广兮受之应不容！

　　蔡文姬且弹且歌，热泪盈眶、肝肠寸断之时，董祀也在转角的廊下泪湿衣襟。因为离得远，他听不清文姬伴着哽咽的歌吟，却听得懂琴曲的委婉和曲中的悲伤。那浓烈的悲伤让董祀觉得自己有些站不稳，只能斜靠在墙上。

　　刚刚文姬起身走出卧室的时候他就知道，没喊她是因为他知道文姬需要这一刻的独处。

　　见文姬一曲奏罢伏在琴上低声啜泣，董祀走过去，为她披上锦袍，抱住她说："文姬，想哭就哭出来吧，这些年难为你了！"

　　蔡文姬回房洗漱更衣后，将曲谱和歌辞誊写出来。因为是依着胡笳音律翻出的琴曲，蔡文姬将其命名为《胡笳十八拍》。

昨夜初识琴曲，今日再读诗文，董祀愈发为文姬的遭遇而心生愤懑。"为天有眼兮何不见我独漂流？为神有灵兮何事处我天南海北头？我不负天兮天何配我殊匹？我不负神兮神何殛我越荒州？"蔡文姬这一句句不甘堪比屈原的《天问》，却终究无人能够回答。

玉种蓝田

蔡文姬终于还是倦了，她想离开这诸事繁杂的都城。但是她考虑了许久才同董祀说起。毕竟，董祀还有仕途要考虑。

令蔡文姬没想到的是，董祀一听立刻表示同意："在陈留时，我就仰慕岳父风范，不以仕宦为念。时势所致入此道中，更曾历过官场凶险，若非夫人救我必然性命不保。夫人欲归隐山林，我也正有此意，咱们寻一处山明水秀之地颐养天年。"

可是，到底去哪里呢？蔡文姬和董祀一直没想好。

直到有一天，董祀送了一套水苍玉的组佩给蔡文姬，这个问题才有了答案。

组佩就是成组的玉佩，由多件玉器组成，流行于春秋战国时，西汉初年还有人使用，到西汉中后期就基本没人佩戴了。如今更是只剩了收藏和把玩。

董祀送给蔡文姬的是一套龙形组佩。这些年董祀送给文姬不少大大小小的玉器，但还是第一次见到这种形制繁复的组佩。她觉得这龙的表情特别狰狞夸张，也感叹龙首、龙爪、龙尾雕刻得精细，龙身上象征吉祥如意的勾云纹让她很满意。仔细辨认玉质时，两人一致认为是水苍玉，理由就是"玉色似水之苍而有文"。

看着看着，蔡文姬的脑海里忽然闪出一个念头："夫君，我们就去蓝田怎么样？"

董祀稍加思索后恍然大悟，不禁抚掌大笑道："夫人果然奇思妙想，蓝田的确是个好地方。"

蓝田县在长安城东南方向五六十里，有山有河，风景优美，素有"秦中门户，三辅屏障"之称。董祀曾经去过，也同文姬说起过对那里的喜爱。

蔡文姬十几岁的时候，父亲就曾带她去过蓝田，登上玉山、尧山，俯瞰灞河、浐河、辋川河，当然也说过这里盛产水苍玉。

战国，秦墓，水苍玉，这些信息让她想到了蓝田。

见董祀也表示赞同，蔡文姬说："正好父亲在那里还留有一处别业，我们不用再找住处了。"

董祀没有料到自己的一件礼物竟促使他们做出了一项如此重大的人生决定。两人回陈留祭拜祖先之后就踏上了远去蓝田的路程。进入秦岭，看着山麓之中平坦宽阔的官道，文姬隔着帘子问赶车的车夫这是到了哪里。

车夫说："咱们现在走的就是蓝关古道，也就是从前出秦入楚的要道。再往前，转个弯，就到虎头山了。"

"虎头山？"文姬低眉思忖，显然是想起了什么。

"夫人可是要下车一观？"董祀一边吩咐车夫就近停车，一边向文姬笑道，"这虎头山正是李广射箭没羽之地，据说也是他后来的归隐之地。夫人常对名将有钦敬之情，既到此地，你我怎能不下车一观？"

也许是因为汉室王气的衰落，也许是因为自己特殊的经历，蔡文姬对李广、卫青、霍去病这样的名将总是多些关注。

董祀当然知道，以文姬的个性是一定要下车看一看的。他们这一路就是这样走走停停过来的，看到风景流连一下，遇到古迹凭吊一下，有时还要对酌几杯或抚琴一曲。

文姬道："都说这虎头山因形似虎头而得名，不知我们能否看见虎头？"

车夫回道："今日天气晴朗，恐怕是不能如愿了。这山形，要在雾气之中才更加出色。不过，日后再来看也行，反正就在蓝田，离夫人府上也不远。"

文姬又问："听说东周显王时，秦孝公曾在虎头山上建了一座虎侯山祠。不知如今可还在？"

车夫道："在的，在的。"

从山上下来的时候，山脚下多了一个卖玉器的小摊子，多是普通的摆件和女子的配饰。董祀提议买一件留作纪念，文姬挑了一支形制古朴的发簪。

董祀替文姬将簪子插在发间，左看右看，忽然笑道："如今头上有了蓝田玉，我还应该再送夫人一对大秦珠。"

文姬也笑："我可是老到有几个十五岁了，还要什么大秦珠。"

夫妻二人这哑谜一样的对话来自东汉诗人辛延年的《羽林郎》，这首诗写道："胡姬年十五，春日独当垆。长裾连理带，广袖合欢襦。头上蓝田玉，耳后大秦珠。"

在蓝田安顿下来后，蔡文姬和董祀感受到了全身心的放松。毕竟曹操统一北方后没有了诸侯之间连年的战争，汉朝和匈奴的关系也趋于平稳，眼前看不见流离失所的百姓，董祀也躲开了朝堂的暗流。

蔡文姬甚至还在自己的花园中开了一小块菜畦，董祀准备了铁锄、铁镰等工具，两人一起浇水、培土、采摘。

园中也有树，结果的主要是山桃、核桃和栗树，不结果的大多是梓树和侧柏。老家陈留也有梓树，它和桑树一样种植范围很广，不然"桑梓"也不会成为几乎所有人的故乡记忆，"桑梓之地"也不会成为故乡的代称。

随着一些故人的陆续来访，周围的人们也慢慢知道这家的女主人就是蔡邕的女儿蔡文姬。一些年轻的士子上门请求指点，有想学琴艺的，有想学书法的，也有想学作诗的。文姬不知如何答复，只好向董祀求助。董祀说："都是些爱学上进的孩子，夫人愿意帮就帮帮吧！为免过于劳累，多给他们立几条规矩吧。"

这年正月快过完的时候，董祀和蔡文姬约定一起去拜华胥陵。华胥陵就在蓝田，北枕骊山，南临灞河，华胥也称华胥氏，姓风，是上古时期华胥国的女首领，既是伏羲和女娲的母亲，也是炎帝和黄帝的直系远祖。华胥生于蓝田孟岩，最终也安寝在这里，每年的二月初二是人们祭奠华胥的日子。

为了表达虔敬之心，蔡文姬和董祀让车停得略远了一些，步行着过去。两人边走边聊。

"夫人，都说关于华胥和华胥国的记载首见于《列子》所记的黄帝之梦，你说黄帝梦到的那个华胥国就是这里吗？还有，伏羲和女娲的'人首蛇身'真的和龙有关吗？"

蔡文姬道："咱们读的是一样的书，你不确定的难道我就确定了？"

董祀道："董祀不如夫人博学，还请夫人解惑。"

蔡文姬俯瞰着眼前的灞河说："人常说我'华夏'的'华'，就是'华胥'的'华'。黄帝梦到的那个顺应自然、不假人力、无喜无悲的华胥国，我想应该是真的存在过的吧，我也希望曾经有一个伟大的女性开创了一片广阔的天地，我也希望那个华胥国就是我们脚下的这片土地。

"至于伏羲和女娲，从前典籍上都说华胥在雷泽踩在了一个大脚印上，然后感应受孕生下伏羲，而那个脚印是雷神留下的，所以伏羲和女娲就是雷神的后代。典籍还说我们听到的雷声就是龙发出的声音，和雷相伴的闪电就是龙的身体，所以雷神就是龙神，伏羲和女娲便是龙神的儿女。若照此说来，我朝的帛画和画像石上画的伏羲女娲'人首蛇身'，大概是'人首龙身'吧？"

"夫人，'伏羲作琴''女娲作笙簧'之说，你可相信？"

蔡文姬道："我自然是信的，我信他兄妹二人为我们留下如此动听的乐器。'伏羲作琴'之事父亲当年也曾考过我，至于笙簧嘛，不但女娲用葫芦做的笙是有簧的，就连北方的胡笳也是有簧的。"

说到胡笳，蔡文姬不自觉地顿了一下，旋即释然地笑了笑："凡音之起，由人心生也。"这是《礼记·乐记》里的话。知道因为说起胡笳，蔡文姬的心绪受了影响，董祀开始与她聊些别的。

离开华胥陵的时候，蔡文姬突然开口道："夫君，文姬有一个心愿：待我百年之后，请将我留在蓝田。"董祀愣了一下，看向蔡文姬。蔡文姬神态平静，眼睛里没有一点点的感伤和惆怅。

董祀不明白蔡文姬为什么突然想到百年之后，以及她为什么想留在蓝田而不是与自己一同归葬陈留。

"《周礼》中说'玉之美者为蓝'，蓝田因盛产美玉而得名。当初父亲为我取名为'琰'，就是希望我的品性如美玉之色泽，似升腾之火焰般绚彩美丽。我和蓝田应该是有缘的。"蔡文姬补充道。

董祀突然就放下了心中的纠结，也许真的是因为蓝田让文姬有所留恋吧！

"夫人过谦了，你以美玉为名，人品才学亦如此名。'玉种蓝田'，如夫人一般的美玉的确适合'种'在蓝田。若是我走在后面，一定满足夫人的心愿。"

后来，蔡文姬安静地去了，安静到历史上没有任何记载。

若有魂兮归来，蔡文姬会发现自己如愿葬在了蓝田，墓冢高高耸起，周围林木葱郁。

若有魂兮归来，蔡文姬会发现不知从何时起，一个王姓家族悄悄迁居此地，自发地为她守墓。蔡文姬不知道他们从何处来，也不记得他们到底受过自己何种恩惠。时间久了这里就有了一个地名叫"蔡王庄"，"王"是王氏家族的王，"蔡"是蔡文姬的蔡。将蔡文姬的姓冠于本族的姓之前，其中自是蕴藏着对她的尊崇与推重。

若有魂兮归来，蔡文姬会发现今人在自己的墓前树起了一尊雕像，左手持卷右手执笔，正是她惯常的样子。旁边的蔡文姬纪念馆里，《胡笳十八拍》用四体书法镌刻于十八块青色大理石上，静静地诉说着一个乱世才女命运多舛的传奇故事。

蔡文姬
生平简表

● ◎汉灵帝熹平三年（174）

蔡文姬约于此年出生于洛阳。一说蔡文姬生于177年。

是年蔡邕任郎中，校书东观，与卢植等人撰补《东观汉记》。次年奉旨书"熹平石经"立于太学门前。

● ◎光和元年（178）

蔡邕因罪流放朔方，蔡文姬随行。居五原安阳县。

● ◎光和二年（179）

蔡邕流放九个月后遇赦还于陈留。为避免遭人报复，蔡邕亡命江海。蔡文姬留在陈留。

●◎中平六年（189）

蔡文姬约于此年自陈留嫁河东卫仲道。

同年，蔡邕应董卓之召赴洛阳，三日之内三次升迁。

●◎汉献帝初平元年（190）

卫仲道病故，蔡文姬归宁于家。

蔡邕拜左中郎将，跟从汉献帝迁都长安，封高阳乡侯。

●◎初平三年（192）

蔡邕死于狱中。此后蔡文姬居于洛阳及陈留。

●◎兴平二年（195）

蔡文姬为胡骑掳入匈奴。居十二年，嫁左贤王，生二子。

● ◎ 建安十二年（207）

曹操遣使周近，以金璧赎蔡文姬归汉。蔡文姬约于此年或下一年嫁董祀。

● ◎ 建安十三年（208）

蔡文姬约于此年向曹操求情救董祀，默写古籍四百余篇并着手续修汉史。其代表作《悲愤诗》或作于此年。

● ◎ 建安十五年（210）

约于此年之后，蔡文姬随丈夫董祀定居蓝田。卒年不详。蔡文姬卒后，曹丕与丁廙分别作《蔡伯喈女赋》以怀之。